THAÍS ROQUE

DE CARONA NA CARREIRA

Como grandes personalidades **transformaram** um **pneu furado** em uma **grande virada**

VESTÍGIO

Copyright © 2024 Thaís Roque
Copyright desta edição © 2024 Editora Vestígio

Todos os direitos reservados pela Editora Vestígio. Nenhuma parte desta publicação poderá ser reproduzida, seja por meios mecânicos, eletrônicos, seja via cópia xerográfica, sem a autorização prévia da Editora.

DIREÇÃO EDITORIAL
Arnaud Vin

EDITORA RESPONSÁVEL
Bia Nunes de Sousa

REVISÃO
Claudia Barros Vilas Gomes
Lorrany Silva

CAPA
Diogo Droschi

FOTO
Jonathan Wolpert

LETTERING
Laiza de Carvalho Ferreira.

DIAGRAMAÇÃO
Guilherme Fagundes

Dados Internacionais de Catalogação na Publicação (CIP)
Câmara Brasileira do Livro, SP, Brasil

Roque, Thaís
  De Carona na Carreira : como grandes personalidades transformaram um pneu furado em uma grande virada / Thaís Roque. -- São Paulo : Vestígio, 2024.

  ISBN 978-65-6002-057-3

  1. Autoajuda 2. Autoconhecimento 3. Carreira profissional 4. Desenvolvimento pessoal 5. Empreendedorismo 6. Superação I. Título.

24-220511
CDD-158.1

Índices para catálogo sistemático:
1. Desenvolvimento pessoal : Autoajuda : Psicologia 158.1

Tábata Alves da Silva - Bibliotecária - CRB-8/9253

A **VESTÍGIO** É UMA EDITORA DO **GRUPO AUTÊNTICA**

São Paulo
Av. Paulista, 2.073 . Conjunto Nacional,
Horsa I, Salas 404-406 . Bela Vista
01311-940 . São Paulo . SP
Tel.: (55 11) 3034 4468

Belo Horizonte
Rua Carlos Turner, 420
Silveira . 31140-520
Belo Horizonte . MG
Tel.: (55 31) 3465 4500

www.editoravestigio.com.br
SAC: atendimentoleitor@grupoautentica.com.br

Aos meus filhos, Alaya e Bernardo: que vocês aprendam a amar os pneus furados tanto quanto o sucesso. Um não existe sem o outro.

O IMPOSSÍVEL
É UMA QUESTÃO DE
PONTO DE VISTA.

10	O pneu furado
24	Todo mundo fracassa
38	Por que fracassar é importante?
58	Fracassar cria algo novo
76	Fracassar ensina algo que você não sabia sobre si mesmo
92	Fracassar pode ser só uma questão de tempo
108	Fracassar pode ser só ignorância
122	Fracassar pode ser um problema das suas relações
136	Fracassar também é livramento
148	Fracassar pode ser um chamado para confiar em si mesmo
164	Fracassar pode ser o começo do seu sucesso
173	Agradecimentos
175	Notas

O PNEU FURADO

NA MINHA INFÂNCIA o maior comediante do Brasil não era o Whindersson Nunes, e sim um cara chamado Chico Anysio. Para quem não se lembra, o Chico marcou a televisão brasileira com personagens épicos em diversos programas, em especial na *Escolinha do Professor Raimundo*. Ele fez o país inteiro rir por décadas, mas, além disso, era muito conhecido pela quantidade de casamentos que teve. O humorista se casou seis vezes e chegou a escrever um livro nos anos 2000 cujo título era *Como salvar seu casamento*.

Calma, você não está no livro errado. Vou usar nossa frase de segurança do podcast – "Eu sou a Thaís Roque e este aqui é o *De Carona na Carreira*" – para você ter certeza de que aqui quem fala sou eu na versão livro. Mas por que Thaís Roque abriria um livro de carreira falando de um comediante da velha guarda? Vem comigo porque juro que faz sentido.

A questão é que, quando o Chico Anysio lançou o tal do livro sobre salvar casamentos, é claro que a imprensa caiu em cima, porque a piada já vinha pronta. Como pode alguém ter a coragem de falar em salvar casamentos com esse histórico de fracassos retumbantes na área? Nas entrevistas, os repórteres perguntavam a ele se fazia sentido um cara que se casou seis vezes se dizer especialista em casamento. Porque, convenhamos, para quem olhava de fora, dava a impressão de que ele não era muito bom nisso. E o Chico, genial como era, respondia: "Quem é casado há quarenta anos com a Dona Maria não entende de casamento, entende só de Dona Maria. De casamento entendo eu, que tive seis". E essa frase mostra que o Chico Anysio já sabia bem do valor de uma iniciativa que deu errado. Porque o fracasso, caroneiros, vale ouro.

A primeira coisa que você precisa saber sobre mim é: sou apaixonada por fracassos. Sabe a história do cara campeão, que nasceu brilhante e fez fortuna, no melhor estilo Mark Zuckerberg? Ou aquela do gênio predestinado, que com 4 anos de idade já escrevia sinfonias, nível Mozart? Nunca me seduziram. E, mesmo quando entrevisto uma dessas raridades, preciso assumir que não são as minhas entrevistas favoritas do podcast. Pode ser um defeito meu – talvez até assunto para discutir em terapia –, mas jornadas profissionais lineares me parecem um pouco... entediantes.

Revendo a minha história, fico pensando que, em parte, talvez isso ocorra porque nunca tenha me considerado brilhante, então sabia que esse caminho linear não seria o meu. Fui uma péssima aluna no colégio e peguei todas as recuperações possíveis no ginásio até receber o diagnóstico de Distúrbio de Déficit de Atenção (DDA), que hoje é chamado de Transtorno de Déficit de Atenção e Hiperatividade (TDAH).

Conforme fui vivendo a vida, meu diagnóstico sofreu alguns "upgrades", ou seja, várias coisas aconteceram para piorar esse cenário: repeti o 1º colegial (hoje ensino médio) sem direito a recuperação; vivi um relacionamento abusivo no qual meu namorado me criticava academicamente com frequência e se considerava mais culto do que eu; fiquei nove meses desempregada depois de me formar numa pós no exterior; fiz mais de quarenta entrevistas e não passei em nenhuma... Enfim, depois de tudo isso, aprendi a ser rejeitada. Mas aprendi também que o fracasso não era uma humilhação ou um sinal de que o universo estava conspirando contra mim; para me transformar em protagonista da minha história, aprendi a ver valor em toda a minha jornada – até nas partes que não cabiam lindamente num post do LinkedIn.

Fracassar amplia seus horizontes

Olhando bem para a trajetória profissional da maioria das pessoas, é possível concluir que às vezes o que faz alguém ser especialista em algo é muito mais o fracasso do que um sucesso. Um empreendedor que já abriu e quebrou muitas empresas é, de fato, especialista em empreendedorismo e tem muito a ensinar. O mesmo se pode dizer de um profissional que já teve diversos empregos – adaptando o raciocínio do Chico Anysio: quem trabalha trinta anos na Coca-Cola é especialista em cultura da Coca-Cola, não em carreira. E eu mesma me tornei especialista em carreira estudando metodicamente o fracasso dos outros e muito, mas muito detalhadamente o meu próprio.

Vou contar um pouco sobre o começo da minha carreira.

Sempre fui essa aluna ruim, que suava para passar de ano, e só entendi que tinha TDAH bem no final do ensino médio. Quando veio a faculdade, para a surpresa de todos, passei no Mackenzie em uma classificação até que boa. Foi a primeira vez que comecei a sentir um pouco de validação do meu potencial. E daí minha vida começou a mudar. Como sempre tive paixão por idiomas, nessa época eu já falava inglês e espanhol; junte isso ao nome de uma boa faculdade e pronto: me transformei na estagiária dos sonhos das grandes empresas.

Nessa fase, passei em todas as entrevistas que fiz e comecei a ver que poderia trabalhar onde eu quisesse. Fui passando de um emprego para outro sem pensar muito se aquilo tinha a ver comigo, se a vaga projetava o futuro que eu queria, se aquela liderança fazia sentido para o meu desenvolvimento. O que importava era trabalhar no maior lugar e no mais famoso possível, porque isso, sim, equivalia ao padrão de sucesso que eu tinha aprendido. Era a possibilidade de brilhar numa grande corporação.

Dá para sentir o cheiro de imaturidade de longe, né? O que acontecia era que sim, eu conseguia as vagas que queria. Mas pegava qualquer vaga, começava a trabalhar e, seis meses depois, me via infeliz naquele dia a dia. Quando isso aconteceu no primeiro emprego, achei que o problema era a empresa, claro. Então mudei de trabalho, depois mudei de novo… e assim passei por diversas empresas até conquistar o emprego dos meus sonhos na Nestlé. Só que nesse mitológico emprego dos sonhos aconteceu a mesma coisa. Aí comecei a pensar: "Gente, acho que não tenho o chip do trabalho no cérebro".

Eu me perguntava o tempo todo por que me sentia daquele jeito, com vontade de chorar na hora de ir para o trabalho, entristecida, angustiada, frustrada. Ninguém tinha me ensinado que rotina de trabalho deveria estar alinhada com as nossas maiores habilidades. Ninguém tinha me ensinado que um bom líder era essencial para o bom desempenho no emprego. Por isso eu achava que todas as pessoas eram infelizes no trabalho, que essa era a realidade do mundo, que eu tinha sido muito mimada e nunca conseguiria me adaptar. Quando comecei a ficar infeliz na empresa dos meus sonhos, passei a me preocupar de verdade com essa minha "inadequação", o que só se agravou depois que recebi uma proposta para ser efetivada em outra área e meu líder fez um escarcéu e barrou a promoção. Eu me dei conta de que não me identificava em nada com ele, mas a minha conclusão continuava a mesma: o problema era eu.

Comecei a planejar outro jeito de avançar na minha carreira e decidi fazer uma pós-graduação nos Estados Unidos. Eu achava que ia realizar um sonho, me jogar na aventura da minha vida: morar em Nova York, viver um *Sex and the City* à brasileira, conhecer meu Mister Big, usar sapato de marca e encontrar trabalhos incríveis. Mas a realidade foi outra. Eu tinha uma vida bem solitária e entrei numa depressão muito profunda. Durante os primeiros seis meses, foi um inverno só, tanto no clima quanto no espírito, porque não havia amigos nem a vida social que tinha no Brasil – vale lembrar que a própria Carrie Bradshaw (personagem principal da série) só tinha três amigas, algo impensável para uma latina como eu.

Sei que sou muito, mas muito privilegiada, e por isso me sentia culpada por ter uma vida com tantas coisas, por ter mais oportunidade do que 99% dos brasileiros e ainda estar triste. Eu era uma menina branca, hétero, de classe média, morando em Nova York, por isso achava que não tinha o direito de me sentir triste. Montei meu currículo, me candidatei para diversos empregos, mas não passava em nenhuma entrevista. Meu grande diferencial no Brasil não valia nada nos Estados Unidos, porque todo mundo falava inglês e espanhol.

Sentia que estava ficando para trás enquanto meus amigos e conhecidos no Brasil seguiam em frente. Nessa época, surgiu o LinkedIn e parecia que todo mundo estava ocupando cargos muito sedutores. Passei a travar uma guerra comigo mesma, achando que nada do que eu estava fazendo no âmbito acadêmico valia a pena, me comparando com os outros e perdendo sempre, porque nessa comparação a grama do outro é sempre mais verde.

Depois de dois anos, vim embora para o Brasil e voltei a distribuir meu currículo e me candidatar a diversas vagas. Fiz mais de quarenta entrevistas. Sim, foi isso mesmo que você leu: QUARENTA. Estava com a autoestima tão abalada que deixava isso transparecer para os recrutadores logo de cara e, claro, não conseguia arrumar emprego. Eu achava que ia ser a última bolacha do pacote porque tinha feito pós-graduação fora do Brasil, mas... não fui. Fiquei nove meses desempregada.

Quando finalmente comecei a trabalhar, prometi a mim mesma que ia fazer aquele emprego durar mais do que seis meses. Tive que fazer esse combinado porque sabia que havia uma insatisfação constante dentro de mim. Quando completei um ano de empresa, comemorei muito, porque nunca tinha ficado tanto tempo num lugar só. Mas eu trabalhava loucamente. O cargo era na área de vendas, e em alguns dias eu ficava até às três da manhã. Vivia para o trabalho, mas continuava vivendo infeliz.

O mais engraçado é que hoje, olhando para trás, percebo que eu era uma pessoa que não tem nada a ver com o que sou hoje e com o que sempre me destacou da multidão fora do ambiente corporativo. Naquela época, para você ter uma ideia, almoçava sozinha em vinte minutos e passava o resto do intervalo dormindo no carro. Meu carisma era zero, não conseguia liderar a equipe, não me comunicava bem com ninguém. Tudo o que hoje me traz dinheiro não brotava, eu era como uma plantinha sem sol.

Nesse momento, decidi que precisava dar uma virada na vida, *minha carreira* precisava de uma guinada. Foi quando me apaixonei pelo tema da carreira em si. Não era algo novo para mim: já tinha estudado sobre isso nos Estados Unidos e também tinha cursado um ano de administração e outro de recursos humanos, porque um mentor na faculdade identificou essa minha paixão pelo assunto. Mas só me dei conta do quanto o tema da carreira era instigante quando voltei ao Brasil. Ali nasceu em mim a vontade de trabalhar pela qualidade de vida do funcionário dentro da empresa. Eu pensava: "Se sou tão infeliz, deve ter outras pessoas infelizes também, mas vou arranjar um jeito de o funcionário ser mais feliz". Era o que eu queria trazer para os outros profissionais, um pouco de felicidade no trabalho.

Apresentei um projeto na empresa em que eu trabalhava, mas ninguém se interessou. Como sempre fui impulsiva, decidi levar o projeto adiante por mim mesma, então abri uma empresa com o objetivo de entregar qualidade de vida para o funcionário. Porém, eu não tinha a menor noção de como o mercado receberia essa ideia.

Acontece que felicidade no trabalho não era um tema com o qual o mercado se importava em 2012, e poucas empresas tinham interesse em investir em uma área que focasse somente na qualidade de vida do funcionário. Mas eu não queria desanimar, acreditava que ali tinha algo importante a ser feito. Assim, enquanto trabalhava no meu emprego numa empresa qualquer, usava meu tempo livre para dar consultoria de redirecionamento de carreira. E deu resultado! Só havia um porém: apesar de amar fazer aquilo, eu ainda tinha muitas crises de depressão. Trabalhava muito bem por dois ou três meses e aí meu rendimento caía, eu ficava muito mal. Lembro de pensar, "não é possível, tem alguma coisa errada comigo". Sempre fui uma pessoa de muita fé, então rezei para todos os santos em busca de uma solução, e nada. Apelei para tudo o que você possa imaginar: benzedeira, tarólogo, floral, numerologia, terapia. Nada ajudava. E assim a crença de que o problema era eu se intensificava.

Meu maior fracasso

Como deu para perceber, o problema não era falta de ambição, isso eu tinha de sobra desde sempre. Era uma boa profissional, conseguia me sair bem no trabalho, na consultoria, mas nada durava mais do que seis meses. Eu tinha crises muito pesadas de depressão e acreditava que não tinha força de vontade suficiente, que algo em mim não dava conta, que simplesmente não era boa para trabalhar. Essa foi a minha angústia por anos até o nascimento do meu segundo filho – o gatilho de uma depressão pós-parto que me levou ao diagnóstico de transtorno de humor.

Falo com tranquilidade que essa foi a época de maior fracasso da minha vida. Não porque eu tinha um transtorno, mas porque passei dez anos ignorando esse fato. Contei para vocês que já tinha recebido um diagnóstico quando era mais jovem, lembra? Mas a verdade é que apaguei isso da minha mente e ignorei a chance de começar um tratamento. Na época, pensava, "não tenho transtorno de humor porque não compro vinte geladeiras, não saio por aí gastando loucamente em lojas, ou exagerando na bebida, ou coisa do tipo, essa médica está errada". Mesmo tendo várias crises durante aqueles dez anos, nunca me lembrei daquela consulta. No fundo ainda estava presa ao preconceito de que o transtorno psicológico teria uma cara, um jeito específico de se manifestar, que seria como vemos na televisão. Se eu era cheia de vida, se tinha tantos interesses, se trabalhava bastante, como poderia ter algum problema de saúde mental?

Tempos depois, quando o psiquiatra perguntou se eu já tinha ouvido falar em transtorno de humor, um turbilhão de lembranças invadiu o consultório e a minha mente. Foi ali que finalmente consegui assumir e responder: "Sim, há dez anos". Tantos momentos passaram a fazer sentido: os trabalhos perdidos, os dias de tristeza inexplicável, os anos de angústia acreditando que me faltava talento e disciplina para conquistar meus sonhos. Lembrei de me sentir ingrata por não aproveitar como poderia todas as oportunidades que a vida me dava, de me sentir mal por não ser produtiva em tantas ocasiões, de me sentir frustrada porque a minha impulsividade nem sempre me levava para onde eu queria. Foram dez anos de incompreensão da minha própria condição, durante os quais a maior prejudicada fui eu mesma. Aquele momento de lucidez doeu mais do que os nove meses que passei desempregada, mais do que a reprovação em quarenta entrevistas. Eu tinha me sabotado durante os últimos dez anos da minha vida por ter ignorado meu diagnóstico. Mas agora, ah, agora eu não tinha mais tempo a perder.

Foi preciso muita terapia, remédio, exercícios e tudo o mais que você pode imaginar para que passasse a levar uma vida muito mais alinhada comigo. Começar meu próprio negócio foi o início dessa revolução, e regular meu sistema nervoso é um trabalho diário, mas que abriu as portas para um potencial que eu nem sabia que tinha. Hoje falo (sem orgulho, ok?) que me tornei workaholic porque ser comunicadora na área de carreira me trouxe tantas realizações a ponto de experimentar o famoso "estado de *flow*" de que a gente tanto ouve falar. Aprendi a ser atenta comigo mesma e entender quando a minha mente não está bem, porque quem tem qualquer tipo de transtorno, seja de humor, seja de ansiedade ou depressão, sabe que a vigilância é eterna. É preciso manter a atenção ao termômetro da nossa mente para perceber se tem uma crise vindo aí.

Ainda vou falar de mais detalhes da minha trajetória, mas já adianto que ainda não estava muito segura de mim mesma quando comecei o *De Carona na Carreira*. Fiz outro combinado, desta vez com minha psicóloga: trabalharia nesse projeto por seis meses para testar se conseguiria mesmo seguir em frente. O resto é história, vocês sabem. O podcast se tornou um grande sucesso no Spotify e já conta com mais de quatro anos de muito trabalho e realização – nem sempre financeira, que fique bem claro, porque é um trabalho que exige muita ralação. Hoje a consultoria de carreira é feita em grupo, em um projeto incrível chamado TR Circle, em que dou acesso às participantes ao meu networking por meio de aulas. Também me tornei escritora, deste livro, claro!, mas também de um romance sucesso de vendas chamado *Doce jornada* (Gutenberg, 2023), que conta a trajetória de carreira de uma mulher de 30 anos que se sentia perdida na vida.

Outra iniciativa de sucesso é a Founders, grupo sob minha coordenação e que reúne mulheres fundadoras de empresas cujo faturamento soma mais de 1,5 bilhão de reais. Nós nos reunimos a cada dois meses em eventos patrocinados por marcas que querem atingir esse nicho de empreendedoras. Entre as convidadas para palestrar na Founders, estão nomes de peso como Luiza Helena Trajano. Mas o podcast continua sendo meu *hub* de pesquisa e aprofundamento no tema. É a plataforma para minha investigação sobre as trajetórias de pessoas bem-sucedidas e, mais do que isso, para passar por cima do glamour e estudar os perrengues que essas pessoas passaram. Lá trazemos à tona os fracassos que levaram aquelas pessoas até o meu microfone. Porque a verdade é que não existe sucesso sem fracasso.

A própria Oprah Winfrey, a comunicadora mais amada e famosa dos Estados Unidos, atribui seu sucesso ao seu fracasso mais avassalador. Atualmente com um patrimônio estimado em 2,5 bilhões de dólares, Oprah foi demitida do seu primeiro emprego como âncora de um jornal em Baltimore.[1] Ela conta que se sentia muito deslocada e que o seu chefe da época fazia questão de deixar claro que nada nela era certo, nem o seu tamanho, nem a sua cor, e muito menos o seu jeito – ele reclamava que ela se envolvia muito pessoalmente com as reportagens. Engraçado, né? Tudo o que fez a Oprah se tornar uma gigante da mídia como apresentadora foi justamente o que a fez ser demitida desse emprego. E, não por acaso, no fundo, ela sentia que não deveria estar ali. Eu também me sentia muito deslocada no mundo corporativo, mas a questão é que nós temos muita dificuldade de confiar na nossa essência – e temos mais dificuldade ainda de lidar com o fracasso.

Este livro fala sobre os momentos que ninguém gosta de lembrar: as falências, as demissões, as gafes, os micos, as perdas. O fracasso abala muito o nosso ego, a nossa imagem distorcida da realidade. Mas o fracasso é a realidade tentando se comunicar com a gente, porém em idioma próprio, porque traz informações muito importantes para recalcular a nossa rota atual. Depois de centenas de entrevistas, entendi que só não fracassa quem não faz nada mesmo. A partir do momento que a gente levanta da cadeira e estabelece um objetivo, o fracasso é certo. Você vai fracassar até ajustar seus passos, seu produto, sua estratégia para chegar aonde quer.

Thomas Edison, inventor de mais de mil patentes, uma vez comentou sobre os milhares experimentos que fez até chegar à lâmpada elétrica que usamos como o símbolo de uma boa ideia: "Eu não falhei. Encontrei dez mil maneiras que não funcionam". E é isso que ele, a Oprah, o Chico Anysio e eu temos em comum (e talvez apenas isso e mais nada!): a certeza de que fracassar faz parte do jogo do sucesso. ▪

A PRÓPRIA OPRAH WINFREY, A COMUNICADORA MAIS AMADA E FAMOSA DOS ESTADOS UNIDOS, ATRIBUI SEU SUCESSO AO SEU FRACASSO MAIS AVASSALADOR.

TODO MUNDO FRACASSA

IMAGINA QUE SONHO se a vida fosse um checklist ou então um fluxograma com as etapas ideais e o tempo para cumpri-las. Aliás, seria ótimo se nossas histórias, empresas e iniciativas tivessem um fluxo padrão, como se fosse um jogo de videogame: enquanto você não abre o baú das recompensas, não acessa uma nova fase do jogo – e depois de vencer uma fase, você não volta para trás, anda sempre para a frente. Seria ótimo se cada passo da nossa vida estivesse explícito e a gente conseguisse analisar nossas dificuldades e entender no que estamos falhando, sem ficar questionando se estamos fazendo a coisa certa diante de um fracasso ou um contratempo.

Mas a vida tem essa característica extremamente não linear, o que significa que hoje você pode ser um fracasso, amanhã um sucesso, e em seguida dar um passo para trás e depois avançar de novo. Hoje em dia, é possível subir na carreira durante dois anos e passar mais cinco andando para o lado, sem necessariamente descer. Nosso desenvolvimento não acontece numa sequência lógica de crescimento, e essa dinâmica, apesar de natural, é muito difícil de processar mental e emocionalmente. A maioria de nós vai passar a vida se sentindo perdido, mesmo trabalhando bastante e, de tempos em tempos, atingindo marcos de sucesso e realizando sonhos profissionais – sem a menor garantia de que no próximo ano outros sonhos similares ou maiores serão conquistados.

Trazendo esse papo abstrato para um exemplo mais concreto, quero falar para vocês de um fenômeno das redes sociais que simplesmente explodiu nos anos pandêmicos: o TikTok . Vocês sabem que isso não *nasceu* um sucesso, né? Na verdade, ele até foi bem no começo, depois não foi mais, e daí estourou, o que faz dele um exemplo perfeito da jornada sinuosa que leva ao sucesso.

Vamos lá. Em 2016, uma empresa chinesa de tecnologia chamada ByteDance lançou o Douyin, um serviço de compartilhamento de vídeo por rede social, já que Facebook e Instagram são proibidos na China – e o app só funcionava lá. No começo, a empresa alcançou certo sucesso e decidiu expandir para virar uma rede social global. Guardem essa informação.

Em 2014, Alex Zhu e Luyu Yang criaram um app chamado Cicada ("cigarra", em inglês) para compartilhar vídeos educativos curtos para o público adolescente. De acordo com os fundadores, o app foi um fracasso porque os produtores de conteúdo enfrentavam dificuldades para gravar aulas divertidas e curtas o suficiente para caber no período de 3 a 5 minutos. Ou seja, o aplicativo não conseguiu atrair nem os criadores nem os usuários.

Com apenas 8% dos fundos restantes, Zhu e Yang decidiram reformular completamente o aplicativo e rebatizar como Musical.ly, uma plataforma de vídeos com música, direcionado para adolescentes e que trazia recursos de dublagem. Os vídeos eram curtíssimos (apenas 15 segundos), e o aplicativo disponibilizava um enorme banco de dados de músicas, filtros e clipes de filmes para os usuários usarem nos vídeos de dublagem. Dessa vez o público aderiu ao app, mas, mesmo assim, depois de dez meses de crescimento lento, a empresa quase fechou (de novo!) por conta de problemas de fluxo de caixa. Fazer dublagens sincronizadas de trechos de filmes, músicas famosas e memes era algo cada vez mais popular, e outros apps, como Triller e Dubsmash, entraram no mercado nessa época. Zhu e Yang perceberam que os vídeos feitos no Musical.ly estavam sendo baixados e compartilhados em outras plataformas de mídia social, mas não conseguiam direcionar tráfego para a própria plataforma. A solução foi incluir o logotipo como marca d'água nos vídeos. Dois meses depois, o Musical.ly saltou para o topo da lista da Apple App Store, lugar que ocuparia por muitos meses.[2]

O que aconteceu depois, vocês podem imaginar. Em 2017, o TikTok comprou o Musical.ly, mesclando as funções dos dois aplicativos (Cicada e ByteDance) a partir de 2018 e se tornando o fenômeno mundial que conhecemos hoje.

Eu não conheço Zhu e Yang pessoalmente, mas posso apostar que, entre lançar o Cicada e vender o Musical.ly para o TikTok, eles devem ter pensado diversas vezes em desistir. Certamente escutaram de muita gente próxima (ou não tão próxima assim!) que estavam insistindo em uma iniciativa falida. Devem ter perdido noites de sono, devem ter se perguntando inúmeras vezes se tanto esforço estava valendo a pena. Mas deram a volta por cima porque acreditavam nos recursos que tinham criado para o app e não queriam jogá-los fora. Eles venderam o app por 1 bilhão de dólares, mas até chegar a esse ponto se sentiram um fracasso, imaginando que terminariam a empreitada com muitas dívidas – e não com muito dinheiro no bolso.[3]

O fracasso em números

Meu pai é um exemplo de muitas coisas para mim, mas principalmente de que o fracasso não deve ter o poder de derrubar ninguém. Ele foi uma pessoa que teve mais de dez empresas, importou desde mamadeira até impressora 3D e quebrou inúmeros negócios. Ele já esteve bem a ponto de comprar um helicóptero e já esteve mal a ponto de vender tudo para pagar o plano de saúde. Já viveu altos e baixos, mas sempre internalizou que o que ele botava a mão virava ouro. É claro que essa não é a visão mais saudável de mundo quando falamos a respeito de negócios, mas é uma postura que o ajudou a jamais cair, mesmo quando um negócio não ia bem. Ele sabia que fracassar era parte do jogo e continuava jogando.

A gente precisa, urgentemente, normalizar o fracasso como algo que não é um ponto final, mas uma vírgula na jornada para conquistar o que desejamos. Segundo um grupo de pesquisadores norte-americanos – psicólogos e neurocientistas –, ao aprender e treinar algo novo, a taxa de erro ideal é de 15,87%.[4] É claro, provavelmente a taxa real varia mais dependendo do contexto. Muitas vezes em um dia bom, você consegue tolerar uma taxa de erros mais alta, mas, nos dias em que estiver desanimado ou cansado, vai querer evitar erros por completo (e talvez nesse fatídico dia cometa ainda mais erros, porque nós somos assim). Algumas tarefas exigem que a gente fracasse muito mais do que outras até termos o domínio delas, e talvez seja preciso aceitar a ocorrência de mais falhas se estivermos com pressa para aprender.

Nossa personalidade também importa. Em um artigo que estudava o estilo de trabalho de gênios como Einstein e Mozart, foi constatado que eles tinham uma abordagem descontraída em relação às dificuldades, demonstrando estar mais dispostos a tolerar o erro do que a maioria das pessoas, e isso pode explicar parte do sucesso contínuo dos dois.[5]

O próprio Einstein chegou a descrever o processo de ser gentil consigo mesmo da seguinte forma: "Se meu trabalho não está indo bem, me deito no meio de um dia de trabalho e olho para o teto enquanto ouço e visualizo o que se passa em minha imaginação". Sim, esse mesmo Einstein, com cabeleira branca e tudo, deitado olhando para o teto vazio no meio da tarde. Em vez de lutar contra o atrito, que é parte de qualquer coisa que a gente tente fazer, Einstein permitia que ele o envolvesse como uma onda, usando isso como uma oportunidade para dar dois ou três passos mentais para trás e "ouvir" sua imaginação. Em vez de lutar contra a dificuldade, ele permitiu que ela a derrotasse de vez – e, ao fazê-lo, aprendeu a falhar bem.

Já Walt Disney, que era ilustrador nos anos 1920 e foi demitido do emprego em um jornal por "falta de criatividade", optou por, depois disso, montar uma pequena produtora de vídeos de animação no Kansas com o irmão. A produtora não dava dinheiro, e ele passou dois anos morando no escritório, comendo comida de cachorro e tomando banho uma vez por semana em uma estação de trem próxima para conseguir sobreviver. Fracasso, certo? Até a produtora fazer uma animação sobre saúde dental para um dentista local e conseguir dinheiro para levar a empresa para Los Angeles e fechar um contrato com a Universal. O personagem principal das animações naquela época era o Coelho Osvaldo.

O sucesso do Coelho era gigantesco – finalmente o sucesso veio, hora de respirar aliviado? Não mesmo! Por conta de uma brecha legal (Walt Disney não assinou os desenhos do Coelho), a Universal roubou o personagem e a equipe de Disney. Frente ao fracasso, ele escreveu para o irmão dizendo que não se preocupasse, pois já tinha criado um outro personagem, um tal de Mickey Mouse.[6] Depois disso, a Disney virou a história que até hoje rende muitos estudos sobre criatividade, sucesso e um atendimento ao cliente sem igual em termos de excelência, em todos os seus empreendimentos.

De acordo com pesquisa do IBGE publicada no jornal Valor, 70% das empresas brasileiras fecham antes de completar dez anos e uma em cada cinco fecha antes de o primeiro ano acabar.[7] Ou seja, o fracasso faz parte da jornada. A partir do momento em que internalizamos isso e começamos a contar com essa etapa do processo, começamos a entender que o fracasso deve ser um momento esperado (e até celebrado, por que não?), pois nos faz reprogramar a rota e inovar, trazendo uma visão de projeto que não teríamos no início.

Na nossa vida pessoal, também ocorrem muitos fracassos que tentam, insistentemente, corrigir a nossa rota para que a gente viva a nossa verdade. A artista pernambucana Duda Beat conta em diversas entrevistas que, antes de fazer sucesso como cantora, prestou vestibular para Medicina só para ser motivo de orgulho para os pais, em especial a mãe, que era instrumentadora cirúrgica.[8] Passou sete anos tentando entrar na faculdade até perceber que todos os seus relacionamentos amorosos se davam com músicos. E que eles a magoavam e a abandonavam, e ela sofria. Depois de um retiro de silêncio e meditação de dez dias, ela entendeu que o que a interessava naqueles homens era menos a pessoa em si e mais o palco onde eles se apresentavam. O fracasso dos relacionamentos a fez repensar seus interesses e acabou evitando que ela se dedicasse ainda mais para tentar uma vida de médica que nunca seria o bastante. Duda passou três anos morando na casa de uma tia no Rio de Janeiro, cantando em bares e pintando paredes para uma amiga que tinha uma empresa de paredes decoradas. Foi assim que ela pagou por seu primeiro disco, produzido por um amigo de adolescência. Hoje um sucesso estrondoso, Duda Beat celebra não ter realizado o sonho de ser médica.[9]

O fracasso pode até ser essencial, mas continua sendo um tabu principalmente porque não falamos sobre ele. Quando decidimos não trazer essas dificuldades à luz, deixamos de trazer consciência para as mensagens que o fracasso carrega. A maioria das pessoas acha que podemos evitar o fracasso se não falarmos dele, mas a verdade é que conversar sobre um problema é o jeito mais efetivo de resolvê-lo.

As pesquisas sobre aprendizagem empreendedora a partir do fracasso surgiram há poucas décadas, em 2003, ganhando impulso nos últimos anos. Mais da metade de todos os estudos sobre o tema surgiram a partir de 2015 e corrobora os dados dos estudos iniciais: se, por um lado, o fracasso cria oportunidades de aprendizagem, por outro o contexto em que essas oportunidades surgem pode ser difícil de navegar.[10] Em geral, são momentos de sofrimento e de angústia que nos deixam mais fechados ao novo. Mas podemos nos lembrar de que é o fracasso que vai nos mostrar de forma mais contundente que chegou a hora de pensar em um novo caminho.

Segurança psicológica para errar

Quando escutamos uma história de fracasso, nosso primeiro impulso é tentar consolar o outro e minimizar sua dor: "Imagina, isso não é nada, e eu que uma vez...". Você já fez isso? Mostrar ao outro que o fracasso dele é pequeno em comparação ao dos outros pode parecer uma boa estratégia para ajudá-lo a redimensionar o problema, porém muitas vezes pode soar insensível da nossa parte.

Não existe maneira certa de lidar com o fracasso alheio, mas acredito que o primeiro passo é ter uma escuta ativa. Ouvir e entender a dimensão da dor do outro nos possibilita entender qual estrada tomar a partir daquele momento. A importante virada de chave nesse momento é: fracassar não quer dizer que você é um fracassado, não importa o tamanho do erro.

Amy Edmondson, uma das pensadoras de gestão mais influentes do mundo, professora de liderança e gestão na Harvard Business School e autora do livro *Right Kind of Wrong* [O tipo certo de erro], faz uma pergunta provocativa: será que só podemos realmente ter sucesso depois que aprendemos a falhar?[11] Edmondson fala de um fator muito importante para que o fracasso seja mais do que um pneu furado, e sim uma oportunidade: segurança psicológica.[12] Ela define segurança psicológica como a crença de que o contexto (em uma empresa, no caso, mas se aplica à vida) é seguro o suficiente para assumir riscos interpessoais, como falar abertamente sobre coisas difíceis, pedir ajuda, admitir um erro ou uma derrota.

Nem todo fracasso vai educar alguém ou significar um momento de virada, mas é possível criar ambientes com segurança psicológica para que as falhas aconteçam

– e o aprendizado também. Dentro de uma empresa, por exemplo, a segurança psicológica vem da certeza de que não seremos punidos ou humilhados por cometer um erro honesto e ter assumido essa responsabilidade. Não existe aprendizado se pessoas, times e organizações tiverem que reprimir ideias, dúvidas, preocupações e erros por medo de represália.

Em um ambiente que oferece segurança psicológica, as pessoas trabalham arduamente para que as coisas difíceis se tornem mais fáceis. Edmondson explica que *nós sabemos* que cometemos erros, mas não queremos que *outras pessoas saibam* que cometemos erros. Por isso, um ambiente provido de segurança psicológica é aquele onde não só cometemos erros como sabemos que os outros também os cometem. Claro, somos todos humanos, e, quanto mais rápido detectarmos e corrigirmos os erros, melhor será para todos nós.

A especialista também afirma que o maior erro de todos é pensarmos que os erros são ruins, que o importante é ficarmos "bem na fita" e parecermos livre de falhas – fadas sensatas que nunca erram. Imaginamos que os outros vão gostar mais de nós se formos perfeitos, quando, na verdade, as pessoas com quem realmente nos conectamos e que se tornam nossas amigas são aquelas que se mostram vulneráveis, que são honestas conosco, que reconhecem suas deficiências. Para muita gente, no entanto, é mais fácil entrar no modo de autoproteção e culpabilização para não encarar as próprias fragilidades – e as dos outros. No ambiente corporativo, isso se traduz em uma liderança baseada em microgerenciamento e caça às bruxas.

Apesar de, nos últimos anos, a cultura das startups pregar que é preciso falhar rápido e falhar melhor, eu acho que falhar sem consciência e sem estudar a falha não é tão bom assim. A verdade é que, quando não existe uma fórmula conhecida para obter o resultado desejado, ficamos presos à necessidade de experimentar; aí sim é importante falhar rápido. Mas, se você já tem conhecimento sobre como obter resultados, use esse conhecimento. Somente onde nos falta conhecimento é que precisamos experimentar e estar abertos a fracassos que nos ensinarão algo novo.

Muitas vezes, quando ocorre um fracasso, nosso primeiro instinto é perguntar *aos outros*: "Quem fez isso?" ou "De quem é a culpa?". Mas Edmondson explica que a questão mais importante na análise do fracasso é perguntar *a si mesmo*: "o que aconteceu?". É mais importante fazer uma investigação fria dos acontecimentos. Assim, vamos desenrolando a narrativa do fracasso, que costuma ser um evento com múltiplas perspectivas, ou seja, cada pessoa enxerga um ângulo e contribui para o entendimento. Assim, o fracasso gera informações que levam à prevenção de novos fracassos. Estudamos os fracassos para gerar novos conhecimentos – e fracassos mais inteligentes. Mas, acima de tudo, sem drama, porque o drama não ensina nada.

Nada garante que tudo vai dar certo

Nossa segunda reclamação preferida na vida – depois de "gostaria de saber exatamente os passos para ficar tudo bem e ser bem-sucedido" – é "ah, se eu tivesse nascido herdeiro, estaria com a vida garantida". Não sei vocês, mas assumo que já pensei isso várias vezes. Mas, olha, sinto dizer que nem para os herdeiros a vida está ganha. Claro, a vida é ridiculamente mais fácil se você cresce com dinheiro, boas oportunidades e educação de primeira. Mas herdar um negócio de família não é garantia de sucesso.

Quando o fundador de uma empresa familiar morre, em geral a sucessão se torna um problema porque muitos herdeiros não dão conta de continuar o negócio. Quem é fã da série de TV *Succession* sabe do que estou falando: algum daqueles herdeiros daria conta de continuar um legado como o do patriarca, Logan Roy? Ele construiu um império de mídia e, embora estivesse próximo da aposentadoria, se recusava a largar o osso. Seus filhos queriam, cada um à sua maneira, liderar o negócio, mas todos eles tinham traumas que dificultavam essa passagem de bastão. Foram quase quarenta episódios de discussão sobre as forças e as fraquezas dos herdeiros. Ao longo das quatro temporadas, fica claro que não havia a escolha ideal, porque nenhum deles tinha a visão e a frieza do patriarca.

O processo de sucessão em empresas familiares leva anos, e existem até consultorias especializadas que são contratadas para evitar o fracasso – o que é ótimo, porque a expectativa de vida média de uma empresa familiar no Brasil é de apenas 24 anos, ou aproximadamente uma geração. Nos Estados Unidos, 60% das empresas familiares não conseguem chegar à segunda geração, e quase 90% não chegam à terceira. Quase metade das falências de empresas familiares foi causada pela morte do fundador, mas apenas 16,4% das empresas familiares faliram após uma transição ordenada.[13]

Então, a resposta curta é: não, nem se você fosse herdeiro estaria livre de fracassos e preocupações. É importante começar desde já a parar de se iludir com a ideia de que existe um grupo de pessoas afortunadas no mundo que não fracassam ou que não têm medo do fracasso. Estamos todos debaixo da mesma chuva de esmagamento de ego: os gênios, os artistas, os herdeiros e nós, reles mortais. É por isso que no próximo capítulo vamos explorar as dimensões psicológicas de falhar e começar a entender os diferentes pesos que o fracasso tem, a depender de quem somos e de onde estamos, porque nosso contexto pode mudar tudo na hora de encarar nossos erros.

O FRACASSO PODE ATÉ SER ESSENCIAL, MAS CONTINUA SENDO UM TABU PRINCIPALMENTE PORQUE NÃO FALAMOS SOBRE ELE.

POR QUE FRACASSAR É IMPORTANTE?

SABE AQUELE DITADO: "Quem não é visto não é lembrado"? Atualmente, acho que faz mais sentido a gente dizer: "Quem não é visto não é cancelado". Em pleno século XXI, o cancelamento nas redes sociais é parada obrigatória na carreira de qualquer pessoa.

Eu, por exemplo, já fui cancelada algumas vezes. Como este livro é sobre fracasso, quero compartilhar com você como aconteceu meu primeiro cancelamento e o que aprendi nesse processo.

O primeiro cancelamento a gente nunca esquece

A primeira vez em que fui cancelada foi porque falei em um podcast que tinha feito constelação familiar, que é uma técnica não comprovada de cura emocional. Na verdade, a constelação é uma técnica similar ao psicodrama, que muita gente encara como um realinhamento energético e espiritual e sobre o qual, faço questão de reforçar, não existem provas científicas de que funciona. Durante a entrevista, falei da minha experiência pessoal, contei como a constelação tinha causado impacto na minha vida, mas nunca sugeri que as pessoas fizessem.

Entendi, só depois que a entrevista foi ao ar, todas as problematizações que existem em torno dessa técnica e do seu criador. Essa foi a minha primeira onda de cancelamento (como qualquer *influencer*, sempre haverá o próximo), e, por causa desse episódio, descobri que existem muitas pessoas na internet dedicadas a desmontar a constelação familiar como terapia, por ter gerado inúmeros traumas em pessoas que se submeteram a essa técnica.

Esse primeiro cancelamento me deixou simplesmente desesperada. Foi um turbilhão. Pedi para o podcast tirar do ar o episódio com a minha participação, fiquei dias sem postar nas redes sociais. Queria só me esconder e lidei com esse fracasso me refugiando na minha bolha. Fiquei muito mal, me sentindo envergonhada, vulnerável e também exposta, como se as pessoas não compreendessem minhas reais intenções. Pedi desculpas publicamente, óbvio, mas não do jeito que eu gostaria – minha vontade era de fazer um pronunciamento me explicando e me desculpando.

Com o tempo, o assunto esfriou, veio a vez de outra pessoa ser cancelada, e segui, firme e forte, produzindo conteúdo até acontecer o próximo. É claro que não fui a única e não serei a última pessoa a ser cancelada, porque isso pode acontecer até com a mais profissional das blogueiras, com a gente vai ver a seguir.

Clube das canceladas

Nascida em Jales, interior de São Paulo, a *influencer* Mari Saad, eleita Under 30 pela Forbes na edição 2018, começou a carreira aos 16 anos como maquiadora e influenciadora digital e nunca mais parou. Como morava em uma cidade pequena, seus serviços de maquiagem se tornaram muito requisitados rapidamente. Aos 23 anos, ela já estava morando em São Paulo com mais 1,5 milhão de inscritos em seu canal no YouTube e 2,6 milhões de seguidores no Instagram. Com uma veia empreendedora forte e muita disciplina, ela já tinha desenvolvido uma linha de pincéis, sombras e batons líquidos e parecia que nada poderia dar errado... Mas a gente sabe que a vida não funciona desse jeito, né?

Durante uma entrevista ao podcast, Mari contou que "fugiu" durante a pandemia, saindo para encontrar alguns amigos durante o período de isolamento. Ela sentiu uma enorme felicidade no momento que fez isso, para logo em seguida perceber que havia sido extremamente irresponsável. Hoje ela entende que o que fez foi muito mais do que só participar de reunião informal, porque, naquela época, podia ser um encadeamento de propagação de vírus, além de não ser a postura esperada de uma pessoa pública durante uma crise mundial que pedia uma única coisa das pessoas: que ficassem em casa. Ela conta que, quando percebeu o que fez, já era tarde demais: além de se sentir culpada, Mari tinha sido cancelada pelo mesmo público que antes adorava o que ela fazia. Ela conta que não tinha considerado que, apesar de todo mundo errar, na internet os erros se pulverizam, e a nossa incoerência (e todos nós temos incoerências) fica sob uma lupa para que todo mundo veja. Ela reconhece que teve falta de bom senso coletivo e responsabilidade (inclusive afetiva).

A Mari conta que, apesar de ter sido o fracasso mais retumbante da sua vida, foi também uma oportunidade para que ela se humanizasse em outras frentes. Até então, ela mostrava uma face pública de alguém que nunca errava, por ter sido sempre muito profissional na internet. Blogueira desde muito nova, já tinha passado por algumas fases da profissão e dava conta de cuidar de cada detalhe da sua imagem pública, desde os posts e looks até os discursos e a escolha das marcas parceiras. Com o erro, ela conseguiu se abrir mais para sentir a dor das pessoas, ao mesmo tempo que se recolheu um pouco para repensar o próprio momento. Ela refletiu sobre os limites que impunha ou ultrapassava nas suas relações e sobre as coisas que fazia para agradar os outros. Foi quando começou a falar "não", muito mais do que antes. Ela conta também que aprendeu a deixar de lado a imagem da "pessoa que não erra". Se todos nós temos a probabilidade de errar, ela pensou, então o que fazer com o erro? A partir daí, Mari aprendeu a se perdoar e, principalmente, aprendeu que não dá para controlar tudo. Porque muitas vezes achamos que as coisas estão sob nosso controle, dependem só da gente, mas fazem parte de um contexto maior. E muitas vezes também nossas desculpas não vão servir de nada para uma parte das pessoas, e precisamos aceitar isso e seguir em frente com o compromisso de melhorar como seres humanos, mesmo sem aprovação externa.

Se, de um lado, Mari passou a ser mais "egoísta", no sentido de dar mais prioridade a si mesma, de outro ela entendeu a dimensão de sua responsabilidade afetiva. Depois de um momento de reclusão para processar o cancelamento, a *influencer* voltou com uma ideia para usar sua plataforma para tentar amenizar o sofrimento das pessoas, pelo menos no que estava ao seu alcance durante a crise da Covid-19. Ela criou o Minuto Mari Saad, um quadro nas suas redes sociais no qual pequenos negócios podiam divulgar seus produtos para o público de milhões de pessoas. Foi o jeito que ela encontrou de usar sua projeção online para ajudar os outros. "O fundo do poço me levou para um ponto de luz", ela resume.

E, como estamos no assunto cancelamento, não dá para falar do tema no Brasil sem discutir a Karol Conká, que também já tirou uns minutos para conversar comigo sobre o processo de fracassar em público – e com o público.

Karol é uma rapper, cantora e compositora brasileira de Curitiba, que construiu uma carreira sólida ao longo dos anos e se tornou conhecida por sua presença no cenário do rap nacional. Ela ganhou destaque após o lançamento de músicas como "Tombei" e "É o poder" – com certeza você já escutou um de seus hits, mesmo que não goste de rap. Tudo ia bem até Karol receber um convite que poderia mudar a sua carreira para sempre: participar do *reality show Big Brother Brasil* em 2021, um dos programas de maior projeção nacional. A edição da qual ela participou foi histórica e criou ídolos que até hoje são queridos. E, sim, a carreira dela realmente mudou, mas não como ela imaginava.

A cantora, que sempre teve gênio forte e um jeito afrontoso, foi acusada de ser agressiva e intolerante e de fazer bullying contra outros participantes, em especial contra o ator Lucas Penteado, com quem teve um desentendimento que gerou indignação e críticas do público. Suas atitudes foram amplamente repercutidas nas redes sociais, levando a uma mobilização massiva contra ela e resultando em uma das maiores taxas de rejeição já registradas na história do programa. E mais do que isso: era como se a internet estivesse unida para além dos memes, porque todos os dias as pessoas faziam um diagnóstico público dos mais variados distúrbios. Chamaram-na de fragmentada, psicopata, sociopata, narcisista e tudo o mais que você consegue (e o que não consegue) imaginar.

Karol me contou que enfrentou muitas dificuldades em sua carreira depois disso e que até hoje tem que lidar com as sequelas, que não desapareceram completamente. A cantora teve contratos publicitários e shows cancelados, além de ter sido alvo de investigações sobre sua conduta dentro do programa, incluindo a possibilidade de processos legais devido às atitudes consideradas problemáticas. Ela se retratou publicamente por suas ações e tentou se reconciliar com o público, buscando reconstruir sua imagem. No entanto, sua participação no BBB teve um impacto muito negativo em sua carreira e reputação.

No documentário da Globoplay chamado *A vida depois do tombo*, Karol fala sobre sua jornada depois do cancelamento e quais os caminhos que encontrou para começar a reconstruir a vida. O julgamento do público foi tão intenso que a cantora chegou a se consultar com um psiquiatra para investigar se os "diagnósticos" que o público fizera tinham algum fundo de verdade. Ela ficou muito preocupada com a sua carreira, é claro, mas também com as consequências que tudo aquilo poderia trazer para seu filho, chegando a duvidar de si mesma como mãe e que tipo de pessoa era para ele. Foi uma jornada intensa para entender quem ela era para além do julgamento do público – que tinha um recorte muito breve e fechado da sua personalidade.

Hoje Karol entende e aceita que tem mesmo uma personalidade forte e que foi isso que a fez despontar na cena do rap, mesmo sendo mulher, mesmo em uma época que as mulheres não estavam tão presentes na indústria. Foi a sua personalidade que tornou suas composições tão únicas, que a levou a montar a própria gravadora e ter sucesso.

Queria um minutinho para dividir com você uma reflexão que é minha, não da Karol: e se tudo isso tivesse acontecido com um homem rapper? Será que ele teria sido tão odiado assim? Ou as mesmas atitudes teriam sido encaradas como corajosas e admiráveis, como a postura de quem não tem medo de se posicionar, de chamar para a briga? Afinal, existem diversos ídolos do rap que são conhecidamente uns encrenqueiros (alô, Kanye West) e ficam cada vez mais populares. Acredito que muito da rejeição que Karol Conká recebeu tenha a ver com o papel que se espera de uma mulher: doçura, aceitação, complacência. Mas com essa *mamacita*, ah, isso não rola mesmo.

A verdade é que ser cancelado, seja em menor escala como eu, seja em âmbito nacional como a Karol Conká, é o maior medo de quem decide colocar seu trabalho na rua e se expor como pessoa pública. Todo mundo passa muito tempo apreensivo, pensando se alguma atitude, frase ou entrevista pode levar ao cancelamento (sei que eu penso bastante nisso). Estou sempre muito aberta para aprender e pedir desculpas, porque já me despedi da ilusão de que saberia de todas as coisas, mas mesmo assim o medo fica. O medo do fracasso público, da vulnerabilidade que sentimos quando somos criticados e observados nos mínimos detalhes por pessoas que nem sequer nos conhecem. Apesar da montanha-russa emocional que meu medo do fracasso gera, ele é saudável, porque não me impede de ligar o microfone todos os dias e continuar entrevistando as pessoas. Mas para muita gente não é isso que acontece.

O medo excessivo do fracasso

O fracasso pode até ser algo que entendemos racionalmente como necessário, mas nem por isso fica mais fácil processar isso no nosso emocional. A possibilidade de fracasso gera muita ansiedade, a ponto de existir até uma fobia do fracasso, que é conhecida pelo nome de atiquifobia, ou o medo extremo do fracasso, que afeta a capacidade de alguém tocar a vida normalmente.[14]

A atiquifobia não é um diagnóstico médico em si, na verdade, ela está dentro do diagnóstico das fobias específicas, que ocorrem quando alguém sente um medo intenso disparado por um gatilho específico. Outros exemplos de fobias específicas incluem o medo de aranhas (aracnofobia) ou de espaços confinados (claustrofobia). Quem tem fobia do fracasso sente tanta, mas tanta ansiedade, que pode evitar ou adiar tarefas porque tem medo de não conseguir os resultados que espera. E esse medo pode ser tão paralisante que pesquisas já comprovaram que ele está associado à procrastinação.

Uma das razões pelas quais o medo do fracasso é negligenciado por muitas pessoas é o fato de seus efeitos não serem tão claros de identificar. Por exemplo, uma pesquisa realizada em 2009 mostrou uma relação entre o medo de fracasso e procrastinação.[15] Na maioria das vezes, quando alguém se encontra em um estado indeciso, com dificuldade para tomar decisões e entrar em ação, e não consegue entender o motivo por trás disso, começa a se julgar e achar que existe algum problema com ela. Quase todo mundo que conheço se culpa pela procrastinação: "Por que eu sou assim? Por que não consigo me decidir como as outras pessoas fazem?". Não paramos para nos perguntar se existe algo do qual estamos tentando nos proteger quando procrastinamos uma tarefa, por menor que seja. A explicação por trás desses estados de procrastinação geralmente não está ligada à disciplina ou força de vontade, mas ao medo do fracasso. E aposto que, neste momento, existem diversos criadores de conteúdo brilhantes que estão com medo do cancelamento, mas acham apenas que são procrastinadores inveterados.

Se você está animado com alguma coisa ou quando sente que tudo vai dar certo, vai procrastinar menos. Quanto mais medo do fracasso, mais procrastinação. O medo do fracasso é muito mais paralisante do que podemos imaginar, e não falar sobre ele não ajuda em nada. Segundo a StudySmarter UK, uma plataforma que ajuda os alunos na organização dos estudos, as causas mais comuns do medo do fracasso são:[16]

- **Experiências negativas:** Quando passamos por uma grande decepção ou temos uma experiência desagradável ao falhar em algo, aumenta muito a possibilidade de termos medo de fracassar na próxima vez que tentarmos algo semelhante. Não paramos para considerar que os recursos que tínhamos para enfrentar aquela situação do passado não são os mesmos do presente ou do futuro. Ontem éramos outra pessoa; hoje aprendemos com aquela vivência e conseguimos encarar situações semelhantes de outra forma.

- **Perfeccionismo:** Se uma pessoa é muito detalhista e sempre quer que tudo seja perfeito, pode enfrentar a ansiedade em torno de tudo o que queira fazer, e essa ansiedade pode ser tão avassaladora que acaba impedindo suas próximas ações – e ainda vamos falar mais disso.
- **Pressão social:** Quando tememos o fracasso, geralmente é porque temos medo de ser julgados pelos outros. Vale fazer o exercício de se perguntar: "E se ninguém pudesse ver e comentar minhas falhas?". Muitas vezes, conseguimos entender que não temos medo de falhar, e, sim, medo do que os outros podem pensar quando (ou se) falharmos.
- **Medo das expectativas:** Quando criamos muitas expectativas para nós mesmos, ou quando outras pessoas criam grandes expectativas para nós, há o risco de desenvolvermos o medo de fracasso. Isso ocorre porque a pressão para atender a essas expectativas pode ser esmagadora – e o tombo parece mais alto caso a gente não dê conta.
- **Medo do sucesso:** É tão comum quanto o medo do fracasso, sabia? Quando somos bem-sucedidos em alguma coisa, muitas vezes há uma expectativa de que a gente consiga manter esse nível de sucesso ou até ultrapassá-lo, o que pode criar muita pressão e ansiedade, levando ao medo do fracasso.

Começa na infância, claro

Mas de onde vem esse medo do fracasso, que pode chegar ao ponto de paralisar uma pessoa? Uma conversa com a psicóloga Dra. Luciani Zamboni me deu alguns insights interessantes. Em primeiro lugar, como quase tudo que se passa no nosso íntimo, a dificuldade de lidar com o fracasso também começa na infância.

Nossos primeiros anos de vida são muito importantes para o desenvolvimento de muitas características que carregaremos para a vida adulta, mas em especial porque não estamos maduros o suficiente para nos autoavaliarmos. Por isso, a medida de avaliação que temos vem de pais, mães e outros cuidadores primários.

Durante a infância, estamos construindo nossa autoestima e reforçando nossa sensação de segurança e amparo. A nossa autoestima começa a se formar baseada em três grandes pilares: sentir-se importante; amar e ser amado, e sentir que somos competentes. São três sensações que estão presentes (ou deveriam estar) desde muito cedo na nossa vida. Lembre-se, por exemplo, de quando você voltava da escola com um desenho todo cheio de rabiscos e entregava para sua mãe, seu pai, sua avó ou qualquer outra pessoa importante na sua vida que fazia questão de dizer que era o desenho mais lindo e maravilhoso e ainda pendurava aquele pedaço de papel num quadrinho na parede da sala. Esse tipo de atitude é um bom exemplo da construção da nossa autoestima: numa tacada só você se sentiu importante, amado e competente.

Nem todo mundo recebe esse cuidado na infância, e isso ocorre por inúmeras razões, desde as mais complicadas até as mais simples, e não quer dizer que pais e mães fizeram algo errado. Muitas vezes, segundo Luciani, a mãe pode ser ótima, mas estar tendo um dia ruim ou passando por preocupações de adulto e não consegue dar a mesma validação de sempre para o filho. Pode ser que ali se crie na criança um pequeno trauma de que talvez ela não seja tão importante, amada ou competente assim. Traumas são experiências pelas quais passamos quando ainda não temos ferramentas psicológicas para lidar com elas, e nossa infância é um prato cheio para traumas que fornecem material para construirmos algumas histórias na mente. E muitas dessas histórias moldam o nosso medo do fracasso, mesmo que não lembremos a origem delas.

Além da constituição da nossa autoestima, outra questão importante é a maneira de aquela família lidar com o fracasso. Aprendemos com nossos pais como lidar com tudo, desde a limpeza da casa até as finanças pessoais, então é natural que peguemos deles o jeito de absorver uma frustração. Se na minha família ou no meio no qual eu vivo, nunca ninguém olhou para o fracasso como algo natural, uma coisa que é chata, acontece, mas que pode ser ultrapassada, que é possível levantar e tentar de novo, vai ficar difícil para que, mais tarde, eu consiga reagir de forma construtiva aos meus próprios fracassos. Muitas famílias ainda fazem do fracasso um tabu que não pode ser comentado ou, pior, transformam em escárnio público, fazendo com que a pessoa seja definida a partir dele. Isso ocorre, por exemplo, quando nossos cuidadores usam expressões como "você é muito desastrado", "você nunca faz as coisas até o fim", "você é muito esquentadinha" e por aí vai.

Somos alfabetizados no idioma do fracasso na infância. Então muito de como você se sente e reage diante da possibilidade de fracassar é um espelho de como as pessoas na sua infância lidavam com isso. E mais: também tem a ver com como os seus erros eram abordados pelos seus pais. Derrubar suco era um crime? Ou a bronca era leve e o castigo era pegar um paninho e limpar o que sujou? Chorar era feio? Cair e se machucar, era culpa sua? E o que dava errado na vida deles, você se sentia responsável por isso?

E um terceiro elemento é levantado por Zamboni é o vínculo. Ela comenta que não vê a maioria dos pais criando filhos para lidar com fracasso, talvez por estarem extremamente ocupados e vivendo isolados em núcleos familiares cada vez menores e mais distantes. Os vínculos que as pessoas tinham há cinquenta anos, por exemplo, dificilmente ainda existem. Antigamente, era comum pais, avós, tios e primos conviverem muito de perto – às vezes até na mesma casa! A partir das experiências de todos esses adultos, as crianças iam aprendendo o que é fracassar e a tentar de novo, aprendiam que as relações passam por brigas e frustrações, mas que isso não significa o fim. Elas aprendiam vendo pessoas de verdade tendo dificuldades, e, o mais importante, as crianças aprendiam que não estavam sozinhas. A formação do vínculo que acontece lá na infância nos dá saúde para aprender a lidar com a vida adulta e tem consequências para a nossa autoestima (ou falta dela) e a nossa prática de lidar com o fracasso, fazendo com que errar pareça uma falha muito maior do que realmente é.

O jovem e o medo do fracasso

A escola é o berço de muitas das nossas ansiedades de fracasso. Uma criança de autoestima frágil, que não foi alfabetizada em fracasso e que não tem vínculos sociais fortes, vai achar o ambiente escolar e acadêmico ainda mais assustador. É por isso que é tão importante o apoio, o estímulo e a compreensão de professores e educadores com relação ao fracasso e como lidar com erros e falhas.

Um exemplo dessa atenção ocorre na Universidade Santa Clara, na Califórnia. Ali, a professora Korin Wheeler desenvolve o programa Scientific Mindset [Mentalidade científica], que reúne alunos de diversas áreas, como física, biologia, bioquímica, ciência ambiental e outras, com o intuito de formar pesquisadores desde a graduação. O programa foi criado para desenvolver o espírito empreendedor dos alunos e estimulá-los a se verem como pensadores inovadores dentro do meio acadêmico.

Um dos docentes que ajuda os alunos nessa missão é o professor de bioquímica Ian Carter-O'Connell. Ele percebeu que muitos alunos saíam frustrados dos laboratórios porque os resultados não apontavam para onde tinham imaginado, ignorando que a dinâmica de experiência e fracasso é parte do raciocínio de qualquer cientista. Assim, dentro do programa Scientific Mindset, o professor é responsável por fomentar uma discussão intitulada "Understanding a Failure Mindset and Growth Mindset" [Compreendendo uma mentalidade de fracasso e uma mentalidade de crescimento].

O'Connell defende que o fracasso precisa ser entendido como parte da prática científica, porque significa aprender algo novo a cada dia e estar na vanguarda da descoberta. Ele conta que aprender a se familiarizar com o fracasso e tornar-se resiliente são boas habilidades para desenvolver nos alunos, construindo uma sensação de pertencimento por meio de fracasso compartilhado. E o professor reforça: "Erros são a base do aprendizado e do crescimento. Os resultados negativos não são inúteis, eles têm algo interessante a dizer, e precisamos estar abertos para ouvi-los".[17]

Segundo o professor, é possível criar sucesso a partir do fracasso e, de fato, muitas pessoas bem-sucedidas protagonizaram grandes falhas e aprenderam com elas. Isso leva ao fortalecimento da personalidade, da resiliência e do entendimento de que é possível falhar e depois ter outra ideia. Ele diz incentivar os estudantes a entrar no laboratório e começar as pesquisas o mais rápido possível e... a falhar imediatamente. Com isso, os alunos perdem o medo dos problemas e se sentem mais à vontade para falar deles porque estão em grupo e reconhecem que a conexão da comunidade é essencial para seu desenvolvimento como cientista.

E a conexão e o apoio de outras pessoas para aliviar o medo do fracasso também foram defendidos por um grupo de pesquisadores da Universidade de Bergen, na Noruega, que estudou o impacto de algumas técnicas de mindfulness (meditação de atenção plena) na saúde mental dos estudantes.[18] O foco dessa pesquisa era entender como esses estudantes lidavam com a pressão causada pelo desempenho acadêmico, que gerava ansiedade, muito sofrimento e também vergonha associada ao fracasso, e como práticas de atenção plena poderiam ajudá-los.

A pesquisa avaliou a ansiedade em situações acadêmicas, que pode ter graves consequências para o aprendizado e o bem-estar de alunos e alunas. Um dos temas centrais era investigar a ansiedade de desempenho, que é definida como um subtipo de transtorno de ansiedade social, causando "temores fortes, mas delimitados, que comprometem severamente a capacidade de um indivíduo de executar uma tarefa em um nível que possa ser razoavelmente esperado, o que é crucial para a adaptação normal dessa pessoa". Quem se lembra de ter ficado tão nervoso para uma prova que esqueceu até aquilo que sabia já entendeu tudo, não é mesmo? A ansiedade frente ao desempenho nas avaliações acadêmicas pode acabar com várias oportunidades na vida dos estudantes e está diretamente relacionada ao medo do fracasso.

A ocorrência de ansiedade de avaliação acadêmica foi notada em até 35% dos estudantes universitários e demonstrou estar associada a um desempenho acadêmico real menor, ou seja, os ansiosos que estão com medo de fracassar performam pior. Entre as diversas maneiras para lidar com a ansiedade do desempenho, uma discussão importante gira em torno da experiência de encontrar outros alunos com os mesmos problemas e de como isso os ajuda a se sentirem menos sozinhos com sua ansiedade de desempenho.

Muitos participantes do estudo descreveram viver uma luta de longo prazo com a autocrítica e o isolamento emocional devido às dificuldades acadêmicas. Por exemplo, no início da pesquisa, durante os exercícios de atenção plena, eles perguntavam aos pesquisadores se estavam "fazendo certo" ou pensavam "deve haver algo errado comigo" quando não conseguiam se sentir relaxados ou focados. Quando ouviram de outros estudantes que também enfrentavam os mesmos desafios, passaram a normalizar essas experiências. Costumavam se sentir envergonhados com a ansiedade do desempenho, mas ficaram aliviados ao perceber que não estavam sozinhos em seu sofrimento.

Outra observação importante é a de que as estratégias de aprendizado de muitos participantes foram fortemente influenciadas pelo comportamento do medo e da evasiva, como evitar ativamente as atividades de estudo, preocupar-se com pequenas coisas ou ruminar sobre as próprias falhas acadêmicas. Alguns dos participantes disseram que passaram a analisar suas reações ao estresse acadêmico e começaram a experimentar uma postura diferente em relação ao seu próprio processo de aprendizado. Esses participantes descreveram uma mudança gradual, tornando-se mais curiosos e mais conscientes de seu próprio processo de aprendizado acadêmico.

A pesquisa ainda analisou a autoaceitação dos participantes diante de situações difíceis. Ao descreverem seus problemas, muitos participantes descreviam como eles "deveriam" ser. Após aprenderem as técnicas de mindfulness, muitos dos participantes passaram a aceitar mais as próprias dificuldades e a perceber melhor quando elas se manifestavam na vida cotidiana. Eles relataram sentir mais liberdade para permitir a manifestação de sentimentos negativos ou sensações desagradáveis e se tornaram mais conscientes da natureza mutável dos estados da mente negativa – ou seja, eles se permitiam ter pensamentos negativos porque sabiam que, mais cedo ou mais tarde, eles iriam embora. Com isso, passaram a ter uma atitude mais cética em relação a pensamentos autocríticos e catastróficos.

Como podemos ver, tanto nas pesquisas acadêmicas quanto no relato da prática em consultório da Dra. Luciani Zamboni, a formação de vínculos e a autoaceitação podem ser caminhos para lidarmos com a sensação de termos fracassado. Conversar com outras pessoas e perceber que elas também estão passando por dificuldades deixa a nossa mente menos caótica e os nossos pensamentos, menos catastróficos.

Um fracasso, não importa de que tamanho, não é o fim. Fui cancelada muitas outras vezes depois daquele primeiro cancelamento, assim como a Mari e a Karol (se não foram, ainda serão, e estão cientes disso). Fracassar e voltar à ativa é o ciclo da vida. Quanto mais cedo a gente entende que a vida continua, menos sofremos. Mas naquela hora, no olho do furacão, fica ainda mais difícil compreender isso, sentimos que, dali para frente, nada mais vai dar certo. O jeito é olhar para o lado e estender a mão para a rede de apoio, enxergar quem está ali na trincheira junto conosco e perguntar como essas pessoas enfrentaram todo tipo de fracasso e erro. Parece até clichê, mas, em um mundo digital que só vende sucesso, é no vínculo real que percebemos que não estamos sozinhos. ◾

MUITOS
PARTICIPANTES
DO ESTUDO
DESCREVERAM
VIVER UMA LUTA DE
LONGO PRAZO COM
A AUTOCRÍTICA E
O ISOLAMENTO
EMOCIONAL DEVIDO
ÀS DIFICULDADES
ACADÊMICAS.

FRACASSAR CRIA ALGO NOVO

FALAMOS TANTO sobre cancelamento no capítulo anterior que chega a dar um leve arrepio, não é? Em um livro sobre fracasso, estudar o cancelamento é primordial, porque no momento atual não existe fracasso mais público do que esse. Ser publicamente apontado como alguém que errou pode mudar para sempre a carreira de alguém, como foi o caso da Karol Conká, ou simplesmente destruir a imagem que as pessoas tinham de você. Mas e se eu te contar que o cancelamento nem sempre é ruim, ou nem mesmo acidental? A verdade é que está cheio de gente – artistas, políticos, celebridades – que orquestra cancelamentos nos mínimos detalhes, de forma a ser cancelada pelas pessoas certas, exaltada pelos fãs e conhecida por quem nem sabia da sua existência. Esse é o outro lado da moeda do cancelamento: viralização.

E não é coisa da minha cabeça. Entrevistando o Paulo Pimenta, agente de artistas como Anitta, Juliette, Thiaguinho, Claudia Leitte, Pedro Sampaio e muita gente importante, ele contou que hoje a maioria das polêmicas é estudada muito antes de acontecer na carreira dos artistas. Isso se o artista for bem assessorado, claro. Por exemplo, antes do lançamento de um álbum com canções mais sensuais, uma cantora pode dar declarações sobre a sua vida sexual, ou, antes de estrear em uma novela, um ator pode revelar algo sobre o seu passado, ambos se colocando no centro das atenções da opinião pública. Inclusive, mesmo que falem mal deles, se o assunto virar meme é melhor ainda, porque a viralização é muito maior.

Pense bem: você provavelmente só conhece nomes como Chico Moedas, Kim Kardashian, Gabriela Pugliesi, Doutora Deolane e Maíra Cardi porque são pessoas que foram canceladas em algum momento da carreira. E olha, antes que me cancelem também: não tenho nada contra nenhum deles e já conhecia todos antes dos respectivos cancelamentos, porque trabalho com internet. Mas pode assumir: tem muita gente que você só conhece por causa das repercussões do cancelamento delas.

O Paulo explicou que, em diversas situações, um artista se expõe já sabendo que vai gerar uma reação intensa, como forma de ganhar projeção para o seu trabalho. Por exemplo, uma cantora como a Madonna sabe o que está fazendo quando realiza um ato público anti-homofobia. Ela sabe que vai provocar a crítica dos conservadores e sabe também que vai ter o apoio de quem é fã e até de quem não é (se é que isso é possível), mas tem interesse na pauta. E ela faz isso há quarenta anos, já aprendeu a orquestrar todas as suas polêmicas. Quando uma cantora como a Madonna vem fazer um show no Brasil, como o que houve em 2024, os patrocinadores e a equipe de relações públicas estão alinhados com tudo o que pode haver de repercussão. E mais do que isso: estão preparados com diferentes conteúdos e declarações da cantora para conseguir o máximo dessa exposição. Lembre-se: tempo é dinheiro, e isso é ainda mais verdade quando consideramos o tempo que uma pessoa passa prestando atenção nas redes sociais e outras plataformas, que vivem de vender anúncios, ou seja, de vender a atenção das pessoas. Conseguir esse tempo sem ter que pagar por ele exige talento e muita estratégia.

Paulo citou um caso que ganhou o Brasil em 2023, quando todo mundo parou para assistir à cantora Luísa Sonza contar que tinha sido traída em pleno programa matinal da rede Globo. Podemos falar muita coisa dela (e ainda vamos, nos próximos capítulos, fica o spoiler), mas não podemos dizer que foi mal assessorada. Quando Luísa tomou a decisão de expor o que aconteceu no relacionamento, fez isso alinhada com sua assessoria, de forma a tirar o melhor daquela crise pessoal e de quebra viralizar ainda mais o álbum que estava lançando naquele momento.

E, se você acha que esse tipo de coisa não tem nada a ver com a sua realidade, é melhor repensar. A polêmica como forma de projeção pode ser útil para muita gente, inclusive para quem trabalha dentro do ambiente corporativo. Segundo o Paulo, quanto mais neutro você for no seu trabalho, menos as pessoas vão perceber a sua existência. Por outro lado, quanto mais opinativo, mais provocativo e mais criativo você for, mais as pessoas vão saber que você existe. Mesmo que para isso você precise dar sugestões que já sabe que não são tão boas assim. Revire aí na sua memória e pense em quanta gente você já conheceu no ambiente profissional que só abria a boca para fazer polêmica? A pessoa nem entregava tantos resultados e mesmo assim a carreira dela decolou. Então, por exemplo, se você trabalha numa empresa de publicidade, às vezes precisa sair da sua zona de conforto e falar: "Gente, pensei aqui numa coisa". Sua ideia pode ser aceita ou recusada, mas só de falar você chamou a atenção do seu entorno, tanto do ponto de vista pessoal quanto profissional. Algumas pessoas fazem isso naturalmente, mas, para quem tem muito medo da opinião alheia, vale pensar no que vamos falar ao longo deste capítulo: o fracasso cria algo novo.

Tudo pode mudar – e vai

Muitas das dificuldades de lidar com o fracasso nascem da nossa resistência às mudanças. A maioria das pessoas não gosta de mudanças; se você perguntar o motivo disso para uma terapeuta, ela vai trazer mais do que uma única explicação. Mudar mexe com nosso senso de estabilidade, então não gostamos disso porque gera ansiedade, medo do futuro. Mudar é ir rumo ao desconhecido, mesmo que seja uma mudança pequena.

Muitas vezes, a vida vai dando sinais de que chegou a hora de mudar: pode ser um apartamento que não funciona mais para a sua família, um emprego que está te matando aos poucos, um casamento que já se tornou um peso ou a terapia que não está mais rendendo como antes. Nesses momentos, todo o nosso corpo reage querendo ficar na inércia, no mínimo esforço, e manter uma situação que é cômoda, ainda que esteja longe de ser confortável. É a sua zona de conforto. O conhecido nos conforta, e criamos regras para defendê-lo, mas que não têm sentido lógico, tudo para nos proteger da suposta ameaça que a mudança vai trazer. Resistir à mudança também pode ser visto como ter medo paralisante do fracasso, que, paradoxalmente, costuma ser o caminho mais rápido para fracassar mesmo.

Para quem olha de fora, Michelle Kallas é tudo, menos um fracasso. Criadora da Mica Chocolates, largou a advocacia para começar em 2017 uma marca que rapidamente ganhou o coração dos brasileiros. Os bombons são mais do que deliciosos, verdadeiras obras de arte que levam três dias para serem feitas à mão uma a uma e depois pintadas maravilhosamente. É uma experiência que ativa os cinco sentidos. Mas, em uma entrevista ao podcast, ela admite que passou por uma fase de negar a realidade, o que teve impacto direto no crescimento do seu negócio: "No início, quando pensei na marca, tinha em mente conjuntos de bombons para presentear. Não vendia nem permitia que colocassem os chocolates em saquinhos avulsos. Eu não cogitava vender os bombons individualmente, mas hoje são os produtos mais vendidos da Mica".

O raciocínio da Michelle tinha uma razão de ser, porque ela idealizara o negócio focado no ato de presentear e não pensava em funcionar de outra forma. Ela diz que demorou para perceber que, muitas vezes, as pessoas só queriam comer um bombom em casa e para isso não queriam pagar por uma embalagem linda e elaborada. Foi preciso desapegar da ideia inicial para chegar ao que mais vende hoje, ao maior hit da empresa, os bombons individuais. E foi aí que a marca cresceu muito. Ela não foi cancelada, mas recebeu dos clientes muitos feedbacks que eram difíceis e que ela tinha muita resistência em aceitar. Finalmente Michelle mudou de estratégia: não doeu, não fracassou, mas ela precisou adaptar sua mentalidade para uma realidade que não estava no horizonte.

Para alguns, pode ser simples, mas para outros é um verdadeiro festival de perrengue. Foi preciso praticamente um tratamento de choque para que Lela Brandão, empresária do ramo de moda, entendesse que o fracasso podia ser uma porta para outra realidade. A empresária fundou uma marca de roupas confortáveis em 2020, um sucesso tão grande que, apenas três anos depois, já faturava R$ 9 milhões.[19] A marca que carrega seu nome é muito querida pelas mulheres porque traz uma inovação que vai além do tecido e da modelagem, está no conceito: não é preciso se adequar ao produto porque as roupas vestem lindamente corpos diferentes do padrão, sem que as mulheres deixem de ter a experiência de vestir uma peça autoral. Em um mundo onde as mulheres estão há décadas usando cintas, se apertando em calças justas e sem respirar para fechar o zíper do vestido, Lela oferece a oportunidade de ser chique com conforto.

Como nem tudo são flores, pouco tempo depois de começar a marca, Lela experimentou um fracasso retumbante: a coleção inteira que tinha criado e desenvolvido para as festas de fim de ano nunca chegou.

Naquela época, Lela trabalhava com uma fábrica terceirizada exclusiva, porque fazia muita questão de saber como era o processo produtivo. A única coisa sob a qual ela não tinha controle era a veracidade dos prazos que a fábrica passava. Era 2021, e Lela havia preparado uma coleção de Ano Novo bem festiva, roupas brancas, brilhantes, divertidas, o tipo de roupa que ninguém compra em outros momentos. Depois de receber os desenhos, a fábrica mandou as peças-piloto para Lela e deu um prazo para entregar a coleção completa. Com essas primeiras peças, a marca fez as fotos, divulgou para as clientes e foi um sucesso, Lela vendeu tudo em tempo recorde e a coleção se esgotou completamente. No dia 10 de dezembro, porém, a fábrica ainda não tinha mandado nem uma única peça sequer.

Lela e a equipe já estavam desesperadas e fechando o cerco em cima do fornecedor. Todos os dias uma nova data era informada pela fábrica; chegava o dia e nada. E assim foi até Lela ir até a fábrica e descobrir que só havia três costureiras trabalhando na sua coleção. A coleção – 800 peças de Réveillon já vendidas! – chegou apenas em março. Alguns produtos ficaram encalhados e seguem assim até hoje.

Foi preciso colocar todo o time da empresa em atendimento ao cliente. A equipe entrou em contato com cada um, explicou com cuidado e muita transparência que não havia certeza de que o pedido ia chegar a tempo das festas de fim de ano e perguntou se a pessoa desejava esperar ou se gostaria de receber o dinheiro de volta. A vergonha a cada ligação era indescritível, assim como o prejuízo de imagem para a marca. Lela perdeu um monte de clientes, mas nenhuma dessas coisas doeu mais do que o déficit de faturamento de centenas de milhares de reais justamente no mês de dezembro, quando o comércio costuma vender bem e fazer um pé de meia para o começo do ano.

A empresária decidiu se reestruturar para nunca mais passar por um lançamento que não fosse entregue às clientes, afinal negócio algum sobrevive a esse tipo de situação mais de uma vez. A primeira iniciativa foi deixar de terceirizar a produção e montar a própria fábrica, para onde transferiu o escritório. Assim, Lela já fica sabendo na hora se alguma coisa está dando problema.

Se a coleção de Ano Novo 2021 tivesse sido entregue a tempo, como todas as anteriores, talvez Lela Brandão demorasse ainda muitos anos para investir numa fábrica própria, um passo importante para a consolidação da marca e que trouxe um crescimento substancial para a empresa.

Flopar para subir

Já que a gente falou de cancelamento no capítulo anterior, agora é hora de conhecer seu irmão mais novo e menos interessante, o *flop*. *Flopar* é um termo que ficou conhecido nas redes sociais para falar de fracasso, mas de algo menos estrondoso – é tão irrelevante que nem para fracassar direito serviu. Um post com pouca curtida? *Flopou*. Uma série que ninguém quis ver até o final? É *flop*. Aquela blogueira que toda semana tenta emplacar uma linha nova de conteúdo? Uma *flopada*. O álbum *ARTPOP*, da Lady Gaga? Um grande *flop*. Os óculos do Google lá de 2013? Um *flop* maior ainda. A gente tende a sentir um pouco de dó e um bocado de vergonha alheia desses *flops* e talvez evite ao máximo olhar para eles por muito tempo, por puro constrangimento.

Mas, assim como o cancelamento e a polêmica, uma simples *flopada* também pode ser uma estratégia para incrementar os seus negócios. Muitas empresas lançam produtos que elas já sabem que não serão populares e não vão vender tanto quanto seus carros-chefe, mas que fazem sentido para a estratégia maior da marca. Vamos tomar de exemplo o Luiz, do famoso Brownie do Luiz.

Luiz começou a vender brownies na faculdade, durantes os intervalos das aulas. Quem produzia os doces era a empregada da família – que hoje é sua sócia.[20] Aos poucos, o produto foi ganhando espaço na terra do brigadeiro, um mercado que ninguém percebera que existia. Ele fez do design das latinhas um diferencial para que os brownies caíssem no gosto de todo mundo. Quem já comeu um brownie do Luiz sabe o motivo de tanta comoção, o negócio é bom mesmo.

O grande sucesso da empresa são os sabores clássicos, que são deliciosos, mas, de tempos em tempos, Luiz lança sabores temporários. Pode ser um brownie de café, maracujá, matcha, sempre em edição limitada. Ele me contou que, antes de lançar, já sabe que o sabor novo não vai vender tanto quanto o de chocolate, mas só o fato de ter novidade já gera um movimento e aumenta as vendas do produto tradicional. Tem gente que pode olhar para aquele docinho que vende muito pouco e, sem olhar para o contexto, chamar de *flop*. Eu chamo de estratégia.

O Luiz lança um sabor de brownie já sabendo que vai durar pouco tempo, mas isso gera mídia e aquece a marca. As pessoas acabam se lembrando e comprando mais brownies tradicionais. Ou seja, toda vez que ele lança um produto em edição limitada, já sabe que vai ser um *flop*, que não vai vender, mas não importa porque a marca ganha muito mais. Coisa de gênio.

A gente não tem a visão do todo

Além da nossa resistência à mudança, mesmo quando ela se apresenta na nossa cara, também precisamos falar que, muitas vezes, não temos uma visão ampla o suficiente para entender o real significado de um fracasso na nossa jornada. Nossa percepção é limitada ao que estamos vivendo no momento, ao que queremos ter imediatamente.

Vamos supor que você prestou uma prova de concurso público, mas não passou. Naquele momento, só vai conseguir pensar nesse fracasso. Mas, seis meses depois, quando conhece o amor da sua vida, acaba achando até bom não ter sido aprovada porque teria se mudado de cidade e nada disso teria acontecido. Ou ter sentido amargura por ter sido demitida de uma empresa, porque naquele momento não consegue entender que nunca teria saído, por vontade própria, de um lugar que odiava, mas que hoje é mais feliz no emprego novo. Nós não vemos os próximos passos da nossa vida, apenas o que está acontecendo hoje, e isso faz o fracasso parecer muito maior.

Gisela Assis tinha uma carreira promissora de bailarina à sua frente. Dançando desde os 11 anos, foi para a Europa aos 14 para seguir carreira e passou uma temporada de quatro anos se dedicando exclusivamente ao balé clássico. Gisela estava se consagrando como bailarina e realizando seu maior sonho em uma profissão que exigia disciplina total em todas as áreas da vida. Mas, aos 24 anos, ela estava em um show quando caiu em um buraco e quebrou o pé – lesão que encerrou sua carreira.

Quando conversamos no podcast, Gisela lembrou que foi um erro ter ido a um evento daqueles, porque, na vida de uma bailarina, não é recomendado se colocar em situações nas quais o corpo, seu instrumento de trabalho, pode sofrer um dano. Quebrar o pé foi um grande fracasso naquele momento, que interrompeu um sonho de quinze anos e a obrigou a voltar para o Brasil, se cuidar e repensar a vida profissional. Afinal de contas, dificilmente ela conseguiria chegar ao ponto da carreira de bailarina com o qual sempre sonhara.

Mas a morte súbita de um sonho tão antigo foi o verdadeiro ponto de virada da sua vida, porque esse fracasso também fez com que ela conhecesse seu marido e atual sócio, Gustavo. Em 2016 eles fundaram a Lapima, uma marca de óculos artesanais que se tornou referência em *eyewear premium* no Brasil e em outros 33 países por onde se espalham seus 250 pontos de venda. Em menos de dez anos, o crescimento do negócio foi de cem vezes, impulsionado pelo design autoral, pelo trabalho manual e pela matéria-prima de altíssima qualidade. A Lapima ganhou visibilidade internacional através de showrooms em Paris, onde compradores de lojas prestigiadas como Barneys, Moda Operandi e The Webster, além de nomes consagrados do mercado de óticas, descobriram a marca.[21]

Gisela conta que abandonar a carreira de bailarina abriu a sua mente para a vida que ela tem hoje e que a faz muito mais feliz do que sua melhor projeção do que a vida poderia ser nos tempos de bailarina. Ela deixou a dança, entendendo que aquele caminho não era mais para ser, mas que podia buscar outros desafios que a realizassem. Não era o fim do mundo – e nunca é, mas nós não temos uma visão ampla o suficiente para perceber o fracasso como um capítulo da história, não o final do livro.

Quando a gente ouve histórias como as que estou compartilhando aqui, conseguimos questionar o sentido do fracasso e começar a trabalhar com o conceito de "desvio de rota", encarando as adversidades como uma abertura para uma nova oportunidade. Por exemplo, a Gisela Assis: hoje, ela tem uma marca de óculos premiada, forte no mercado externo, um posicionamento de destaque no mercado de luxo; dá para chamar de fracasso o momento em que ela mudou de carreira para chegar aonde chegou? Às vezes é essencial a gente entender que as mudanças de rota existem para nos recolocar no caminho do sucesso. O que estamos falando desde o começo do livro é que o fracasso pode ser um convite – às vezes bruto, às vezes gentil – para um novo caminho.

Trabalho há anos com consultoria de carreira e vejo a história se repetir: o cliente cria uma vida ideal na mente e, nessa vida, ele trabalha em uma marca de luxo, suponhamos a Gucci. Daí essa pessoa faz algumas entrevistas na Gucci, mas não consegue trabalhar lá. Nem tudo está perdido, porém, porque esse profissional já circula no mercado de luxo e de moda e consegue um emprego na Dolce&Gabbana, que é uma marca tão boa quanto a outra. Só que muitas vezes a pessoa fica com a sensação de "Ah, mas não consegui trabalhar onde eu queria, fracassei". Será que isso pode ser chamado de fracasso? Ou trata-se apenas de visão restrita e talvez um pouco catastrófica?

A verdade é que não enxergamos nossas histórias em um quadro mais amplo para entender que um fracasso é parte do caminho, é uma esquina que você precisa contornar para chegar ao destino certo. Essa falta de visão dá desespero mesmo, mas, como não temos como ver o futuro, talvez a única solução seja aceitar nossas falhas com menos julgamento sobre nós mesmos. Olhar para o momento de fracasso, por mais desesperador que ele seja, sabendo que é a pedra fundamental da construção de algo novo. Repetir que "isso vai passar, e vai passar para acontecer algo melhor" até acreditar.

Aceitar o desconforto

Francesca Monfrinatti já era conhecida nas redes sociais pelo seu conteúdo de moda, até que, em 2022, conseguiu realizar um sonho de longa data: lançar uma marca própria que levava seu nome. Com uma rede de contatos bem construída, não demorou para ser um sucesso.

No dia 22 de dezembro de 2023, porém, o site da marca foi invadido por um hacker que sequestrou o sistema da empresa e sumiu com todas as informações: contatos de fornecedores, dados dos clientes, discriminação dos pedidos, produtos em estoque, tudo. A situação foi tão grave que Francesca não conseguia saber para quem tinha vendido o quê, o quanto tinha faturado, quantas peças tinha em estoque, nada; ela perdeu totalmente o controle da empresa. Quem sequestrou o site pediu uma recompensa altíssima; Francesca não tinha dinheiro para pagar, então ela nunca recuperou as informações roubadas. Sobrou então o caminho mais longo: ela e a equipe tiveram que refazer tudo à mão.

Francesca me contou no podcast que a experiência foi traumática por diversos motivos: a perda financeira, o risco de ter seus dados na mão de um criminoso que podia fazer ainda mais estragos, e a trabalhosa reconstrução da gestão da empresa, que levou muito tempo para ficar de pé novamente. Em meio ao caos, ela se deu conta de que deveria cuidar melhor da segurança digital. A marca ainda estava no começo, então ela investiu o que foi preciso, porque ainda dava para contornar aquele fracasso.

A lição que fica da história de Francesca é que ela não cedeu; abraçou o fracasso, resolveu a situação e ficou tudo bem. E talvez seja algo essencial: assumir que algo terrível aconteceu e se concentrar no que pode ser feito dali para frente. Depois disso, ela começou a olhar mais para a segurança online e não fracassou mais nessa área, nunca mais teve problemas com sequestro de informações. A situação trouxe outros conhecimentos para ela como empreendedora e acabou gerando maior fortalecimento da marca.

A gente tem que aceitar o desconforto, porque ninguém veio ao mundo para ficar só naquilo que conhece e que é fácil. Eu sei que, no momento em que estamos vivenciando a crise, é praticamente impossível perceber como aquilo pode um dia vir a ser benéfico ou abrir uma porta para o futuro. Mas, garanto, essa porta vai se abrir e as coisas vão mudar. De um lado, a gente poderia aceitar que o que está acontecendo não é nada agradável e que não vai mudar tão cedo; aceitar que aquela situação é incômoda, que não é a ideal e que talvez continue assim pelos próximos meses. Do outro lado, é importante sabermos que, num momento como esse, talvez a gente não tenha muito a oferecer para a pessoa que está vivendo esse fracasso, porque provavelmente ela está com uma visão bem pessimista da vida, mas é sempre bom lembrá-la de que aquele não é o fim da linha.

Fracassar não significa
que você é um fracassado

Depois de algumas bolas fora, todo mundo começa a baixar um pouco a expectativa sobre a vida – e todo mundo dá muita bola fora, mesmo quem não assume. Hoje em dia, quando pergunto onde a pessoa se vê daqui a uns anos, muita gente me responde que deixou de fazer planos. Aquelas metas que todo mundo já estabeleceu um dia, pensando "até os 35 eu quero isso, até os 40 eu quero aquilo", ficaram mais raras, porque traçar uma meta e não conseguir alcançá-la é muito frustrante.

O que me leva a perguntar: será que às vezes o fracasso não é uma coisa que ocorre por causa das expectativas que a gente cria? Quando estabelecemos uma meta e não a atingimos, quando idealizamos nos tornar profissionais desse ou daquele jeito e não conseguimos, a conclusão natural é que somos um fracasso. Mas acho que é um sinal de maturidade encarar o planejamento mais como um exercício para visualizar o que queremos do que como um calendário imutável que estabelece o tempo para que essas coisas aconteçam. Às vezes, planejar pode não fazer bem para a saúde mental e talvez seja melhor viver conforme as oportunidades vão aparecendo.

Em 2010, quando tudo ainda era mato no mundo da transição capilar, Rosangela Silva tinha muita dificuldade para encontrar informações confiáveis para lidar com seu cabelo. Esse foi o ponto de partida para que ela se transformasse na blogueira e youtuber Negra Rosa, falando sobre beleza e maquiagem para mulheres negras. Durante dez anos, ela passou de criadora de conteúdo para fundadora de uma marca de referência em produtos para cabelos de pessoas negras. Claro que esse caminho não foi tranquilo, nunca é. Rosangela conta que começar do zero é tentativa e erro, então o que mais acontece é renascer a cada erro.

Durante a estruturação do negócio, entre tantos momentos de aprendizado, Rosangela se lembra de um produto que ela queria muito desenvolver, mas que não estava saindo do jeito que imaginara. Seu plano era praticamente uma ideia fixa, além de muitas forças operando, a empresa precisando de novos produtos, ou seja, a pressão para lançar era grande. Ela tentou de todo jeito, forçou a barra e seguiu em frente com o lançamento; em cima da hora, precisou dar um passo para trás e não lançar o produto, quando percebeu que um ingrediente essencial ficaria de fora. Mas ela não abandonou a ideia, não. Anos depois, o produto saiu, perfeito, ainda melhor do que tinha imaginado inicialmente.

A sensação de fracasso por não ter conseguido lançar o produto no cronograma que Rosangela havia traçado foi causada por uma expectativa que ela mesma havia criado. A situação tomara uma proporção tão grande que não permitia que ela visse o quanto era importante ter a formulação exatamente como desejava.

Tem gente que é muito boa em traçar planos e realizar metas; tem gente que não. Então, o que era para ser apenas uma etapa da vida vira um fracasso retumbante, porque a pessoa coloca a régua muito alta e não percebe que aquilo é só uma pedra no caminho. Já contei por aqui que meu pai me ensina muito, e ele sempre diz uma frase que me marcou muito: "Fracassar não quer faz de você um fracassado". Nesse processo de normalizar o fracasso que estou propondo aqui no livro, é importante entendê-lo como um pit stop, não como o fim da linha. ■

A VERDADE É QUE NÃO ENXERGAMOS NOSSAS HISTÓRIAS EM UM QUADRO MAIS AMPLO PARA ENTENDER QUE UM FRACASSO É PARTE DO CAMINHO, É UMA ESQUINA QUE VOCÊ PRECISA CONTORNAR PARA CHEGAR AO DESTINO CERTO.

FRACASSAR ENSINA ALGO QUE VOCÊ NÃO SABIA SOBRE SI MESMO

AUTOCONHECIMENTO: o clichê tão comum que faz a gente suspirar, balançar a cabeça e perder a sessão de terapia casualmente para fugir da real importância dele. Todo mundo sabe que se conhecer é a matéria-prima para tomar boas decisões na vida, mas o mapa do autoconhecimento não é o mesmo para todas as pessoas. Muitas vezes, fugimos das verdades sobre quem somos, por medo de perder uma visão específica sobre nós mesmos. E aqui acho que vale parar para questionar: você realmente sabe quem é? Já teve algum momento para pensar sobre isso? Ou foi só quando tudo deu errado que surgiu uma pista? Segure esse raciocínio.

Além do autoconhecimento, vale trazer outra palavra mágica aqui: autoconsciência. É a capacidade de identificar, articular e desenvolver valores, interesses, habilidades, pontos fortes, conhecimentos e experiências relevantes para o crescimento pessoal e o sucesso profissional.[22] A irmã mais prática do autoconhecimento, a autoconsciência é crucial para encontrar um trabalho satisfatório e gratificante. É ela que resume uma compreensão clara de seus interesses, valores, habilidades e personalidade – ou seja, todos os conhecimentos necessários para identificar empregos e carreiras que se alinhem com quem você é, para fazer o seu próprio projeto de design de vida. Quem examina objetivamente seus pontos fortes, fracos, realizações e fracassos tem menos dificuldade na hora de determinar o que funciona e o que não funciona e tem muito mais energia para buscar suas metas, já que não está desperdiçando oportunidades e "batendo cabeça" por aí.

Existem estudos que apontam que existem duas grandes categorias de autoconsciência: a primeira, que apelidamos de autoconsciência interna, representa a clareza com que vemos nossos próprios valores, paixões, aspirações, adequação ao nosso ambiente, reações (incluindo pensamentos, sentimentos, comportamentos, pontos fortes e fracos) e impacto nos outros. A autoconsciência interna traz mais satisfação no trabalho e nos relacionamentos, controle pessoal e social e felicidade. Já a segunda categoria, autoconsciência externa, significa compreender como as outras pessoas nos veem, pensando nos mesmos itens da autoconsciência interna (comportamentos, pontos fortes e fracos etc.). A pesquisa de Tasha Eurich mostra que as pessoas que sabem como os outros as veem são mais hábeis em demonstrar empatia e assumir as perspectivas dos outros. Líderes que se veem como parte da equipe tendem a ter um relacionamento melhor com seus colaboradores, a se sentirem mais satisfeitos com eles e a considerá-los mais eficazes em geral.

Quando se trata de autoconsciência interna e externa, a gente precisa trabalhar ativamente para se ver com clareza e não ter medo do feedback para compreender como os outros nos veem. É um trabalho contínuo de superação do desconforto e de se abrir para ouvir críticas e entender como estamos interagindo com os outros. O resultado é que a autoconsciência não é uma verdade absoluta, e sim um equilíbrio delicado entre dois pontos de vista distintos e até concorrentes.

E muitos dos nossos fracassos são, na verdade, erros de cálculo. São distorções de percepção sobre quais são nossas reais habilidades. O efeito Dunning-Kruger refere-se especificamente à tendência das pessoas que não são tão boas assim em uma tarefa de superestimar a própria capacidade para realizá-la.[23] Segundo o psicanalista e professor do Instituto de Psicologia da USP Christian Dunker, esse fenômeno explica dois efeitos diferentes: quem sabe pouco mas acha que sabe muito, e quem sabe muito mas ainda acha que sabe pouco.[24] Como escreveu David Dunning: "O alcance da ignorância das pessoas é muitas vezes invisível para elas".[25] Essa ignorância sobre a própria ignorância surge porque a falta de experiência e conhecimento muitas vezes se esconde no reino das "incógnitas desconhecidas" ou é disfarçada por crenças errôneas e conhecimentos prévios que apenas parecem ser suficientes para concluir uma resposta correta.

O efeito Dunning-Kruger traz um fardo duplo – não só o conhecimento incompleto e equivocado nos leva a cometer erros, mas essas mesmas faltas também nos impedem de reconhecer quando estamos cometendo erros e de escolher com mais sabedoria.

Em algum momento, todo mundo cai no próprio ponto cego

Um dia, durante uma entrevista com a Paula Merlo, ela contou uma história que pouca gente teria coragem de jogar no mundo assim, publicamente, mas que é puro ouro. Para começo de conversa, enquanto escrevo este livro, a Paula ocupa a posição de editora-chefe da Vogue. Ela vive, respira e domina o tema moda como pouca gente no Brasil e no mundo. Mas até a Paula já se enganou – e muito – sobre as suas habilidades. Ela me contou que, no começo da carreira, ela conseguiu um trabalho de compradora de acessórios do Rio de Janeiro.

A Paula já trabalhava numa fábrica e pediu demissão para aceitar esse cargo, com a certeza de que ia abafar. Ela trabalhava com moda havia pouco tempo, mas confiava muito no próprio gosto. Sabia que tinha olho para tendências, que conseguiria garimpar as melhores coisas. O futuro se desenhava belíssimo à sua frente. Ela começou a trabalhar para uma marca e conta que desandou a comprar acessórios sem conhecer muito a fundo o público consumidor. Comprava coisas bacanas, claro, que estavam nas revistas, que faziam parte das tendências do mercado. Mas nem sempre era o que o público da marca tinha vontade de consumir. Resultado: tudo encalhou e ela não durou mais do que seis meses no cargo.

A demissão foi uma frustração muito grande, mas também foi o momento de confrontar quem ela *achava* que era e quem ela *realmente* era naquele momento de recém-formada na faculdade. Apesar da decepção, Paula conta que entendeu que aquele trabalho não era para ela. Foi um empurrão para se especializar: passou a estudar mais, foi morar fora, investiu em conteúdo e jornalismo de moda e encontrou o próprio caminho. Hoje, em alguma empresa do Brasil, alguém deve contar a história de que já demitiu a editora-chefe da Vogue, mas Paula nem liga.

Nem sempre nos conhecemos o suficiente para evitar alguns fracassos – e devemos agradecer ao intensivão de autoconhecimento que é provocado por uma demissão, por exemplo, apesar do desespero de saber que os boletos estão chegando.

Outro exemplo é a Bruna Tavares, pioneira do conteúdo de maquiagem e que tem uma das marcas próprias de cosméticos mais fortes do país. Jornalista, seu sonho era trabalhar com assessoria de imprensa. Começou com um blog – primeiro de economia – apenas para fazer um portfólio para a área. Ela conta que, quando finalmente encontrou uma vaga para trabalhar na assessoria dos sonhos, deu tudo errado. Tinha todos os pré-requisitos, uma boa indicação, o currículo e a experiência certos – aquele emprego já estava ganho, se não fosse o nervosismo. A Bruna estava superansiosa na hora da entrevista e fez tudo errado, lembrando até hoje o quanto se expressou mal. O sonho da assessoria virou pó, ela não conseguiu a vaga, o que acabou se tornando o melhor erro da sua vida. Tinha tudo para passar, mas seu desempenho foi ruim bem na hora da entrevista.

Foi depois desse fracasso que a Bruna passou a ganhar tração com o blog *Pausa para Feminices* e criou linhas de maquiagem em parceria com a Tracta até conseguir a linha própria, que hoje fatura entre 18 e 22 milhões de reais por mês[26] – e está só começando, segundo ela, que abriu a primeira loja física em 2023 e trabalha na expansão internacional da marca que leva seu nome.[27] Ainda bem que alguém não a contratou como assessora de imprensa, emprego que, no discernimento dela naquele momento, seria o auge do seu sucesso. Se tivesse dado certo, talvez hoje ela teria deletado o blog que a lançou para a carreira de *influencer* e empresária.

Conhece-te a ti mesmo

Nos arquivos da famosa School of Life, fundada pelo filósofo e escritor suíço Alain de Botton em 2008, existe um artigo muito interessante sobre o que acontece quando temos falta de autoconhecimento.[28] Não vale a pena falar de tudo aqui, mas a questão principal é que, num contexto de trabalho, não se conhecer – tanto a falta de autoconhecimento quanto de autoconsciência – gera muita perda de tempo e de recursos. Com uma visão enviesada de nós mesmos, acabamos nos tornando muito modestos e perdemos oportunidades, já que não sabemos do que somos capazes. Ou podemos nos tornar ambiciosos demais e ficamos sem saber o que é melhor deixar passar. A questão principal da falta de autoconhecimento é que não temos uma noção clara das nossas limitações, o que gera um desperdício de tempo ao tentar fazer algo para o qual não estamos preparados.

Ao mesmo tempo, não percebemos nossas atitudes ocultas em relação ao sucesso e ao fracasso. Podemos nos ver como não merecedores de alguma coisa, como uma promoção ou um papel de protagonismo, ou sentir aquela vontade doida de nos autossabotar quando as coisas começam a correr bem.

Em pleno ano IV antes de Cristo, muito antes de Alain de Botton começar a publicar conteúdo na internet para ajudar as pessoas a se conhecerem, Sócrates já tinha avisado: "Conhece-te a ti mesmo". E a humanidade registrou esse ensinamento, repetiu, não deixou que se perdesse e criou linhas de pesquisa inteiras em cima dessa frase, mas, enquanto estudava isso, cada acadêmico, filósofo e pesquisador continuou ignorando pequenos fatos individuais sobre si.

É mais forte que a nossa racionalidade; mesmo sabendo que se conhecer é o melhor investimento que se pode fazer, a gente ainda tem uma baita resistência a isso. E os motivos são vários. Em primeiro lugar, vale lembrar que o nosso cérebro tem seus próprios processos para aprender as coisas. Quando um novo estímulo chega, ele é processado pelo nosso sistema límbico, ou o cérebro emocional. Muitas das informações que recebemos sobre nós mesmos por vezes são processadas primeiro pela amígdala – a parte do sistema límbico responsável pelas respostas emocionais relativas ao comportamento social dos humanos. A amígdala é responsável pela detecção, geração e manutenção das emoções relacionadas ao medo, bem como pelo reconhecimento de expressões faciais de medo e coordenação de respostas apropriadas à ameaça e ao perigo. Quando percebemos algo que pode nos colocar em risco, passamos a reagir assim: o coração dispara, a respiração muda e, principalmente, tentamos muitas vezes fingir que isso não existe.[29]

É aí que a psicologia, a psicanálise e a neurociência se encontram, e faço aqui um resumo muito superficial para atender ao que precisamos pensar neste momento. Essas áreas passaram a conversar, e muito, no século XX, e ficou claro que o ser humano tenta se preservar a qualquer custo. Preservar a sua vida, suas relações, sua imagem de si mesmo e sua saúde emocional. Em meio a tudo isso, vem Freud com o conceito de resistência, que engloba os mecanismos de autopreservação do inconsciente, ou seja, as estratégias que a mente utiliza para evitar o acesso a pensamentos, memórias e sentimentos dolorosos ou perturbadores.[30]

A verdade é que, tanto para a neurociência quanto para a psicanálise, muitas vezes ao recebermos informações inquietantes sobre nós mesmos, preferimos não as ver para preservar a nossa integridade emocional. Isso não é algo ruim, é uma evolução que demorou anos e anos para acontecer, mas que muitas vezes gera noções um pouco precipitadas, como a Paula Melo com a certeza de que seria uma ótima compradora de acessórios para o público de uma marca específica, ou a Bruna Tavares sobre acreditar que seria uma grande assessora de imprensa.

Muitas dessas informações são jogadas no inconsciente para que não nos incomodem mais, mas não adianta, porque acabam se revelando de alguma forma, mesmo que seja pelas frestas das nossas ações e das nossas ideias. Até que vem o fracasso e puxa o véu que existia sobre todas essas histórias, jogando luz sobre o quarto que estava sujo: "Na verdade, você tem preguiça de estudar isso", "Você odeia ter que trabalhar nesse esquema", "Você não sabe calcular risco tão bem assim", entre outras verdades duras de encarar.

Percebe a utilidade do fracasso? Como uma força reguladora, ele vem para romper as nossas barreiras de autoengano. O fracasso traz a informação que não pode ser ignorada – e que devemos, por respeito a nós mesmos, fazer o nosso melhor para não a distorcer. Ter coragem para encarar e entender o que estivemos ignorando sobre nós mesmos: é daí que nasce uma nova história, a história que devíamos estar vivendo, mas que, até ali, não tínhamos coragem de desvendar.

O Pedro Pacífico, que talvez você conheça nas redes sociais como Bookster, conta que muito da sua jornada teve a ver com a coragem de enxergar quem ele realmente era. Enquanto cursava Direito na Universidade de São Paulo, ele conseguiu um estágio com um professor ótimo, mas se pegou odiando o trabalho. Na cabeça dele, isso só poderia ser um sinal de que o Direito não era o seu caminho profissional e, antes mesmo de se formar, começou a achar que não deveria ser advogado. A piração foi tão longe que Pedro se matriculou em um cursinho pré-vestibular para tentar a faculdade de Medicina. Foi só quando uma professora mais experiente conversou com ele sobre o que estava acontecendo que ele se deu conta de algo que hoje parece óbvio, mas que na época não conseguia enxergar: talvez o problema não fosse o Direito, e sim aquele emprego específico. Para dar uma força, a professora o indicou para o escritório onde ela mesma trabalhara por anos. Foi a chacoalhada necessária para mudar de área, sem abrir mão do seu talento – enquanto escrevo este livro, Pedro ainda trabalha lá.

Em janeiro de 2021, Pedro tomou outra atitude corajosa em direção ao seu autoconhecimento: foi a público nas suas redes sociais, onde criava conteúdo sobre livros e leitura desde 2017, e se assumiu como um homem gay. Até os 25 anos, em meio à bolha tradicional onde cresceu em São Paulo, ele acreditava ser um homem heterossexual. Ao se apaixonar pelo mundo da leitura, aproximou-se de outros leitores que discutiam os mesmos temas. Ele conta que a leitura, bem como essa comunidade virtual, mostrou que a diversidade, em todas as suas formas, é algo a ser celebrado. Depois de muito tempo reprimindo suas questões íntimas sobre sexualidade, aos poucos Pedro foi conhecendo e se identificando com diferentes personagens, LGBTs ou não, e seus conflitos, angústias, medos e vergonhas, com o sentimento de não poder falar o que pensa, de estar em constante sensação de alerta.[31]

Os livros foram uma ferramenta para que Pedro pudesse entender mais sobre si mesmo, porque o ajudaram a ver quem ele era, a pensar nas questões de saúde mental envolvidas e a perceber que não estava completamente sozinho naquilo que estava vivendo. E isso abriu a sua mente para a enorme diversidade de pessoas que existe na sociedade, para outros modos de vida, outros jeitos de amar e de existir e se entender no mundo.

A história do Pedro me lembra a de outra estrela do mundo da internet que passou pelo *De Carona na Carreira*: Camila Coutinho, que há quase vinte anos criou o blog *Garotas Estúpidas*, o primeiro blog de moda do Brasil. Hoje ela tem uma linha de produtos para o cabelo, a GE Beauty, entre outros empreendimentos. Camila chegou à internet bem no início da rede e, ao longo dessa trajetória, foi entendendo, e muitas vezes criando, o modelo de negócio que depois seria adotado por marcas e outras influenciadoras. Como vocês podem imaginar, não foi uma jornada que aconteceu sem tropeços.

No dia que me sentei na frente da Camila e perguntei qual era o seu maior pneu furado, ela não pestanejou: "Foram todas as vezes que tentei ser outra pessoa". Enquanto outras *influencers* também despontavam, muitas vezes ela se pegou tentando imitar tendências e mudar de direcionamento para algo que parecia funcionar melhor, período que ela define como "aquele em que menos curti meu trabalho, que menos fluiu". Depois de um tempo e muitas frustrações, ela conta que ganhar a clareza para se perguntar se determinada atitude lhe fazia bem ou se tal coisa lhe trazia felicidade foi o divisor de águas para impulsionar a sua carreira. Era só se conhecer melhor.

O que vai ser sucesso para *você*

Nos meses que passei desempregada ao voltar da pós-graduação nos Estados Unidos, lembra que contei que fiz mais de quarenta entrevistas e nada aconteceu? Hoje consigo enxergar que estava ignorando um claro sinal da vida: o fato de que o mundo corporativo talvez não fosse o meu caminho. Ele não me queria e, no fundo, eu também não queria estar nele. Como vimos ao longo deste capítulo, às vezes insistimos em coisas que não têm futuro para a gente só porque não conseguimos perceber os sinais que a vida nos dá. Ou talvez exista uma limitação para o quanto a gente consegue se autoconhecer e se antecipar, porque algumas coisas só o processo vai trazer. O processo é que vai ensinar o caminho para a gente se conhecer melhor. Só precisamos ter humildade para olhar a situação e entender: "Tá bom, captei a mensagem, talvez esse não seja o meu caminho".

E falo isso com tranquilidade, porque passei muito tempo em autoengano. Toda vez que começava a trabalhar em uma empresa, o seguinte ciclo se repetia: primeiro, eu ficava muito feliz porque estava ganhando dinheiro. Depois, ficava muito feliz porque tinha reconhecimento público, já que era um lugar que as pessoas admiravam. Depois de um tempo, tudo isso perdia o brilho da novidade e sobrava uma rotina de trabalho que não tinha nada a ver comigo. Nesse momento, o dinheiro e o status – por melhor que fossem – já não eram mais suficientes para mim, e eu ficava infeliz, achando que minha mãe tinha me mimado demais, que eu não gostava de trabalhar, que nunca ia encontrar algo que gostasse de fazer.

Outro ponto importante: comecei a reparar que, a cada entrevista, eu me moldava exatamente para aquela vaga. Eu nunca era honesta sobre quem eu era de verdade, mesmo já sendo uma excelente comunicadora. Por exemplo, se a vaga fosse de marketing, eu me apresentava como a melhor marqueteira da face da Terra. Se a vaga fosse para a área de finanças, já ensaiava o discurso "amo exatas, amo números, por isso cursei Administração". Eu me adaptava ao que as pessoas queriam, mas em nenhum momento pensava no que eu queria.

Observo que nós buscamos tanto ser aceitos, ser aprovados, que dificilmente nos questionamos: "O que eu quero?", "O que é ideal para a minha vida?", "Que tipo de vida quero ter?". E este é o primeiro movimento para você encontrar o trabalho dos seus sonhos: entender suas habilidades e definir quais são seus valores essenciais.

Para mim, por exemplo, flexibilidade de horário é um valor inegociável; tenho dois filhos e gosto de estar presente em momentos importantes para eles. Só que eu nunca teria isso no modelo CLT em que passei muitos anos (e bem mais do que quarenta entrevistas!) tentando me encaixar. Também sempre valorizei minha autonomia, bem como a possibilidade de escalar um negócio, de saber que, quanto mais eu trabalhar, mais vou ganhar. Mas mesmo percebendo essas nuances sobre mim mesma, sobre meus gostos e meu modo de ser, ao mesmo tempo achava que tinha que me moldar para ser aceita, e essa é a receita para o desastre, sabe? Com certeza você vai fracassar se só pensar na necessidade do outro, sem considerar a sua.

Eu até me dou um desconto quando lembro que, quando me formei na faculdade, o empreendedorismo, ou a vida de autônomo, não era uma possibilidade tão clara assim, nem tão difundida. Hoje as redes sociais ampliaram muito mais essa possibilidade, inclusive com o surgimento de modelos de negócio que priorizam o autônomo. Só que, quinze anos atrás, alguém com uma formação universitária tradicional como a minha só tinha no campo de visão o modelo CLT – que também é ótimo e funciona para muita gente, mas não para mim.

Demorei para entender que o que eu queria mesmo era empreender, e isso me custou, além de tempo, a saúde mental. Descobrir o caminho que era mais parecido comigo não foi só abrir uma porta e passar por ela, e sim começar uma jornada de autoconhecimento e autoconsciência que ainda estou trilhando – e nunca mais vou parar.

Quando comecei a empreender eu não sabia, por exemplo, que tinha um ponto cego com relação a dinheiro até ter que falar o valor do meu serviço para as pessoas. Percebi que não conseguia cobrar pelo meu trabalho, que tinha vergonha de deixar claro que ele custava dinheiro. Passei muito tempo travada, pensando em como cobrar das pessoas. Foram anos até conseguir resolver esse ponto, que atrapalha muito quem está começando um negócio.

Se você não souber como entender e respeitar os seus limites, o fracasso vai fazer questão de te mostrar, confia em mim, seja passando por uma falência ou por uma demissão, seja através do término de um relacionamento ou de uma mudança de cidade forçada. Hoje eu sei que, se continuasse insistindo em ser quem as pessoas diziam para eu ser, continuaria fracassando em tudo. É algo tão óbvio, mas ninguém me ensinou a me ouvir, a ouvir as minhas necessidades.

Hoje, com as redes sociais, o tempo todo somos direcionados a pensar que o sucesso é representado por um conjunto específico de fatores: ter milhares de seguidores, viajar para destinos turísticos exclusivos, pegar voo na classe executiva, ser diretor ou diretora de multinacional ou dona de negócio milionário, casar-se com um festona para quinhentos convidados, comprar o enxoval das crianças em Miami. Por trás disso, boa parte das pessoas nem sabe quais são suas verdadeiras necessidades, porque recebem de fora a informação do que elas *têm que* querer.

Parte da beleza do fracasso é que ele nos ajuda a ajustar nossa autoconsciência para descobrir nossa capacidade real, para perceber qual é nossa vida ideal. Por exemplo, é usual considerar quem dorme pouco como uma pessoa hiperprodutiva e focada, só que pouco sono faz muito mal para a saúde. Então, por que é valorizado? Se pararmos de aceitar e começarmos a questionar, talvez a gente se pergunte: "Por que um CEO dorme apenas três horas por noite e manda e-mails para a equipe de madrugada? Por que ele se se submete a isso? Será que vale a pena chegar tão longe, mas não conseguir nem ter uma noite de sono decente?".

Por isso, acho importante deixar claro: quando conto uma história aqui ou no podcast, não é para vender o modelo certo do sucesso, é para humanizar quem chega "lá", no holofote, na capa da *Forbes*, na empresa de milhões. Mas, de forma alguma, acredito que todo mundo precisa aspirar a isso. O sucesso pode ser uma família feliz, pode ser a aprovação em um concurso público, pode ser ter um café pequeno em uma cidade de praia. O sucesso é conseguir atender a quem você é. ■

COMECEI A REPARAR QUE, A CADA ENTREVISTA, EU ME MOLDAVA EXATAMENTE PARA AQUELA VAGA.

FRACASSAR PODE SER SÓ UMA QUESTÃO DE TEMPO

SE PARARMOS PARA PENSAR, é possível dizer que a humanidade começou a medir o tempo quando o primeiro ser humano reparou que o sol se movia no céu ao longo dos dias e das semanas e, com isso, outras coisas aconteciam na natureza. Os primeiros relógios, então, usavam elementos como a água e a luz do sol para dar uma noção geral das horas, e não chegavam nem perto da precisão atual – e ainda não era motivo de ansiedade. Hoje a medida do tempo serve como base para quase tudo o que fazemos – e também para quase tudo o que produzimos como sociedade. Individualmente, o tempo acabou se tornando nossa maior preocupação (muitas vezes, mais do que a saúde!) e, para o estilo de vida profissional que a maioria das pessoas leva hoje, é fator crucial para o sucesso ou o fracasso.

Tempo para quem?

O tempo é a medida que queremos dominar, com a qual a gente sonha em conseguir negociar, ou pelo menos aprender a lidar melhor. Não à toa, criamos diversos ditados para elaborar a nossa relação com ele: tempo é dinheiro, tempo é atenção, o tempo não volta, o tempo não para. A verdade é que, quanto mais maduro a gente fica, mais entendemos que o tempo é a coisa mais valiosa que podemos ter.

E falando nessa pressão específica do tempo, acho que se tem alguém que pensa no tempo, o tempo todo, são as mulheres. Porque existe um cronômetro internalizado em cada uma de nós desde muito cedo, ensinado à exaustão pela família, pela escola e até pelos médicos: é preciso se formar no tempo certo, construir sua carreira antes de pensar em ter um filho, conhecer a pessoa certa entre os 25 e os 30 anos, e se casar antes dos 35 para já começar a estruturar o plano de ter uma família.

Em um curto espaço de anos, é esperado de uma mulher que ela já tenha conseguido alinhar todas as fileiras: uma carreira sólida, uma pós-graduação, um casamento estável e um filho (ou pelo menos o plano de ter um). Mudar de carreira? Mudar de ideia? *Nem pensar, vai atrasar tudo, e você já está a um passo de ser uma fracassada. Na verdade, será que não precisa se esforçar mais?* Quando uma mulher ousa seguir outro rumo, muitas vezes é vista como alguém que não tem foco, não se especializou, não conseguiu fazer a primeira opção profissional dar certo, alguém que está colocando tudo a perder.

Para as mulheres, a pressão para "não perder tempo" vem da noção de que não existem segundas chances, de que a bagagem que adquirimos a partir de várias experiências de vida não passa de peso morto, quando, na verdade, ajuda a enriquecer nossa personalidade e definir quem somos. É como se uma bomba-relógio se armasse logo que a mulher completa 15 anos: ela passa a ter data de validade e receber um tratamento muito diferente daquele dispensado aos homens. E não pense que conquistar uma carreira de sucesso e ter um filho é cruzar a linha de chegada, longe disso; o jogo só fica mais intenso: quando um homem tem um filho, ele é promovido; quando uma mulher tem filho, sua capacidade profissional passa a ser questionada.

Conforme a mulher passa dos 30 anos, fica parecendo que cada decisão é a definitiva para ter o futuro que ela sonha. Se for abrir uma empresa, precisa ser um negócio para toda a vida. Cada encontro romântico precisa ter em vista um relacionamento duradouro. Sair de um emprego, só se for para outro ainda mais estável, não se pode arriscar.

Olha, quando eu tinha 15 anos, beijava na boca e não estava nem aí se o cara ia me ligar no dia seguinte. Para mim, aos 15 anos, os romances eram mais descartáveis. Não tinha essa expectativa de amor da vida, me casar, construir um futuro. Mas, depois dos 30, tudo parecia ser uma possibilidade de futuro. Com vocês também é assim? Parece que a gente sofre muito mais quando o namoro não dá certo, mesmo sem gostar tanto assim daquela pessoa, porque as expectativas são mais altas. É o medo do fracasso afetando o âmbito pessoal também.

No capítulo anterior falamos muito sobre a necessidade de reavaliar o que é sucesso no âmbito profissional (será que é ter um milhão de seguidores e só viajar de executiva?), mas percebo que é urgente também reavaliarmos o que é sucesso no âmbito pessoal.

Quem disse que se você não casou até certa idade, se não teve filho, está traçando um caminho de fracasso pessoal? Pode reparar: nas conversas informais, quando a mulher diz que é casada, ninguém pergunta: "Ele é um bom marido? Ou ele te humilha e te maltrata?". Ninguém quer saber, o importante é saber se o checklist está em dia. Só que estar casada não é sinônimo de felicidade. Às vezes, o maior sucesso é ser dona da própria carreira, ser solteira e independente para poder se dedicar aos seus sonhos. O sucesso não é só ter alguém, mas para isso é vendido como o topo da montanha, tanto que muitas mulheres extremamente bem-sucedidas ainda precisam justificar por que não estão casadas.

O tempo ainda não chegou

A lente da sociedade sobre a mulher é muito cruel, o tempo todo. E sobre isso, uma das entrevistas mais interessantes que fiz para o podcast foi com a atriz e dramaturga Mônica Martelli, cujo reconhecimento na carreira chegou apenas aos 37 anos, quando estreou uma peça autoral que mudaria a sua vida.

Mônica já tinha passado da idade de ser "mocinha da novela", e aposto que já tinha escutado de muita gente que já estava na hora de parar com esse negócio de ser artista. Mas ela não se abateu: escreveu o texto que queria encenar e, depois de muitos anos trabalhando no que acreditava, ficou famosa. Outra conquista foi ter uma filha aos 41 anos, um sonho considerado impossível para mulheres de certa idade.

Mônica fala abertamente sobre como o etarismo já impactou sua vida, sobre um discurso corriqueiro que finge que histórias como a dela simplesmente não existem.[32] Hoje, depois dos 50 anos, ela vive declaradamente o melhor momento da sua vida, mas correu o risco de se achar um fracasso até pouquíssimo tempo atrás. O padrão vai se impondo como a única realidade possível, e isso sufoca as pessoas, sufoca a capacidade de sonhar e de planejar outras coisas.

Além da idade e do gênero, existem outros parâmetros para medir o tempo que vão atravessar questões de raça e classe social. Há anos tendo a minha consultoria, já atendi gente que não se sentia merecedora de cargos altos por não falar inglês, como se fosse uma habilidade que estivesse ao alcance de toda a população brasileira. Segundo o British Council, apenas 5% da população brasileira fala inglês, e apenas 1% é fluente.[33] É o topo do topo da pirâmide; como uma pessoa pode se sentir mal por não ter tido essa oportunidade? E mais: como as empresas têm a coragem de colocar o inglês como pré-requisito para muitas vagas nas quais esse idioma nem vai ser usado? Quantas pessoas deixam de conseguir uma vaga júnior ou plena porque não falam inglês, mas vão passar o dia falando apenas com seus colegas? E isso vale para muitas outras coisas: quem veio de uma família mais pobre dificilmente vai fazer faculdade logo que sair do ensino médio, porque vai priorizar seu sustento imediato, e com razão. Essa pessoa também raramente vai conseguir fazer uma pós-graduação ou MBA antes dos 30 anos.

O tempo acontece de forma diferente dependendo do recorte social, e acredito que esta é uma das faces mais cruéis do etarismo: não perceber que o dia não tem as mesmas 24 horas para todo mundo, porque alguns tiveram a opção, desde sempre, de parar tudo para estudar, ou ganharam um carro para se deslocar, ou a faculdade foi paga inteiramente pelos pais, ou logo conseguiram um estágio na área da faculdade que cursava.

Sempre repito que sei que vim de uma origem muito privilegiada – e trabalhar tantos anos falando sobre carreiras e estudando o assunto me deu uma compreensão mais profunda disso. Um bom profissional de RH, por exemplo, precisa ter isto em mente: vivemos em um país no qual o tempo não passa do mesmo jeito para todas as pessoas.

Um novo tempo se abre

Se você acompanha o podcast, sabe que sou muito fã da Kim Kardashian – e talvez já estivesse se perguntando quando ela ia aparecer no livro. Se você não gosta dela, respira fundo, juro que vai valer a pena.

Kim Kardashian é a patricinha original, filha de um advogado da Califórnia e de uma socialite. É uma das personalidades mais reconhecidas no mundo todo por diversos motivos, tanto que se tornou até um verbete na Enciclopédia Britânica.[34] E até na vida dela falta fracasso; na verdade, ela fracassa com sucesso, como pouca gente consegue.

A segunda de quatro filhos, Kim começou a carreira como assistente da socialite Paris Hilton assim que se formou no ensino médio. No ano 2000 se casou com o produtor musical Damon Thomas, de quem se divorciou em 2004. Dois anos depois, Kim e as irmãs Kourtney e Khloé abriram a boutique DASH, inicialmente em Calabasas, na Califórnia, e depois em vários outros locais.

A fama veio mesmo no início de 2007, quando vazou na internet um vídeo íntimo, uma *sex tape*, dela com o seu então namorado, o cantor de R&B Ray J. Kim processou o distribuidor do vídeo e mais tarde recebeu um acordo extrajudicial, mas a atenção gigantesca levou a um acordo para estrelar um *reality show* que mostraria o dia a dia da família: *Keeping Up with the Kardashians*. A série se tornou um marco da televisão e transformou Kim em um fenômeno da cultura pop. Em muitos momentos, sua popularidade foi ridicularizada, muitos veículos diziam que ela não tinha talento e era famosa por ser famosa. Mas a verdade é que ela sabe muito bem como fazer uma boa autopromoção e desvendou a internet antes de muita gente, criando uma marca pessoal extremamente lucrativa. Roupas de luxo, cosméticos, publis e até aparições em filmes e programas de televisão passaram a fazer parte da sua vida desde então.

Kim Kardashian era presença constante nos tabloides e sites de fofoca, e muita atenção foi dedicada aos seus relacionamentos. Em 2011, Kim se casou com o jogador de basquete Kris Humphries em uma cerimônia luxuosíssima que foi gravada e posteriormente exibida no canal de televisão americano E!; 72 dias depois, ela pediu o divórcio, que foi finalizado em 2013. Em 2012, Kim começou a namorar o rapper Kanye West, com quem teve 4 filhos, e uma fase de muitos altos e baixos (e ainda mais fama). O casal se divorciou em 2021.

Quando Kim se tornou mundialmente conhecida por aquela *sex tape*, muitas pessoas disseram que ela mesma teria arquitetado tudo e vazado o vídeo; houve até declarações do ex-namorado com quem ela aparece no vídeo, afirmando que foi tudo programado. Aposto que muita gente julga e acredita que a vida de Kim Kardashian não valeria nem meia página de um livro, mas pensa comigo: Kim já foi cancelada inúmeras vezes, mas sempre consegue dar a volta por cima e se reposicionar. Ela se tornou bilionária com suas marcas de beleza e roupas: em 2020, Kim vendeu 20% da empresa de maquiagem KKW Beauty para a Coty por 200 milhões de dólares; em 2023, sua linha de *shapewear* (moda íntima e modeladores) SKIMS foi avaliada em 4 bilhões de dólares durante uma rodada de financiamento.[35] Nada mal.

Sendo a subcelebridade que praticamente definiu o conceito de "subcelebridade" para o mundo, o que mais vem à cabeça das pessoas ao escutar o nome "Kim Kardashian" é futilidade, não é? Mas e se eu te disser que a grande paixão da vida dela é a reforma penitenciária? Você leu certo. Filha de um dos advogados mais famosos da história dos Estados Unidos, Kim não é completamente alheia ao funcionamento do sistema legal, e, no final da década de 2010, tornou-se uma ativista pela reforma penitenciária nos Estados Unidos e, por meio de seus esforços, conseguiu soltar mais de dezessete pessoas presas injustamente com um time de advogados top de linha que ela mesma contratou.[36] Em 2018, ela ajudou a garantir a libertação de Alice Marie Johnson, ré primária e não violenta que cumpria pena de prisão perpétua por associação ao tráfico de drogas.

Em 2019, com quase 40 anos, Kim decidiu fazer uma transição de carreira, anunciou sua intenção de se tornar advogada e começou a estudar sozinha. Nos Estados Unidos, é possível tornar-se advogado fazendo o curso de Direito ou estudando por conta própria e trabalhando como aprendiz de outro advogado, contanto que a pessoa passe no exame da Ordem dos Advogados norte-americana, algo tão difícil de fazer quanto aqui no Brasil. Mesmo com a agenda lotada, ela começou um programa de aprendiz em um escritório de São Francisco e estudou muito até passar na primeira etapa da OAB dos Estados Unidos, conhecida como *baby bar*, que qualifica os estudantes do primeiro ano de Direito como aptos a continuar a carreira.

Não foi fácil. Kim foi reprovada três vezes na prova final, mas, depois de dois anos, conseguiu passar na quarta tentativa; era a última chance dela.[37] Ela comenta que está sendo muito criticada, que muita gente acha que ela só fazendo isso para conseguir mais atenção, mas diz ela que nada disso abala seu sonho de um dia ter um escritório próprio de advocacia. Em entrevista ao *USA Today*, Kim explicou: "Estou muito acostumada com críticas, então nada realmente me incomoda. Sou uma daquelas almas não humanas que realmente consegue lidar com isso. Realmente apenas permaneço focada nos casos e nas pessoas e sou extremamente compassiva". Ela continua: "Não, não estou fazendo isso por publicidade, realmente me importo e passo vinte horas por semana longe da minha família e dos meus filhos [por causa disso]. Estou criando quatro filhos negros que podem enfrentar uma situação como qualquer uma das pessoas que ajudo. Saber que posso fazer a diferença na vida dos meus filhos e na de outras pessoas, ajudando a consertar um sistema quebrado, é muito motivador".[38]

É possível analisar a história da Kim Kardashian por muitos ângulos; mesmo sendo fã, tenho consciência de que ela está longe de ser uma santa – ou nem sequer um ícone da elegância. Mas existem dois pontos que valem a pena considerar para o nosso propósito aqui. O primeiro é: ela não se deixa engolir. Nem pelas críticas, nem pelas dificuldades, nem pelo medo do que pode acontecer.

Quando entrevistei a Karine Amancio, reconhecida como a primeira relações-públicas negra do mercado de luxo no Brasil, ela comentou algo parecido. Disse que o conselho mais importante que ela daria para alguém é não se deixar engolir nem ficar se importando demais com a opinião alheia. Ela contou que seu maior fracasso, seu pneu furado, não foi com os outros ou com uma empresa, e sim com ela mesma. Foram os momentos em que ela se deixou intimidar, criando situações imaginárias que a deixaram cada vez mais insegura. Era tão forte e recorrente que, por um tempo, Karine não conseguia mais ser ela mesma. A virada veio quando ela começou a se dar a liberdade de ser quem é, de se posicionar como acha certo, sem ligar para o que os outros pensam: "Não pode se deixar engolir e, às vezes, a gente deixa".

Quando um emprego não dá certo, quando não chamam a gente de novo para um trabalho ou quando passamos por uma demissão, é normal curtir uma dor de cotovelo. Mas esse fracasso específico, essa crítica, não te define; essa gente que não gosta de você ou do seu trabalho não são as últimas pessoas do mundo. *Isso não é você*, é apenas mais uma informação sobre você, para ser usada a *seu* favor. E a Kim sabe disso muito bem: com o passar dos anos, as críticas aumentaram, mas o número de seguidores dela também. Ela nunca ficou fora da internet, nunca deixou de lançar coisas novas. Ela não vai deixar que quem não ajuda em nada atrapalhe sua carreira.

O segundo fato importante sobre a Kim Kardashian é que, na minha visão, ela privilegiou muito o ego até os 40 anos. Buscou fama, buscou dinheiro, buscou um casamento que a transformasse em alguém ainda mais poderosa, buscou bens materiais – e foi muito bem-sucedida nisso tudo. Realmente, para quem busca todas essas coisas, não faz muita diferença ser piada nas redes sociais; todas as críticas apenas aumentavam o número de comentários sobre ela e fortaleciam ainda mais a sua marca. Mas aí, quando Kim cumpriu o checklist, passou por um divórcio complicado e entendeu que tinha tudo de material que o dinheiro podia oferecer, começou a emergir a busca por sentido e propósito.

Hoje Kim se propõe a fracassar quantas vezes forem necessárias, ser reprovada em provas, para viver o que quer viver. As prioridades dela mudaram. É importante ressaltar que ela tem o que a maioria das pessoas acredita que "resolve" a vida: dinheiro para não precisar mais trabalhar e acesso a procedimentos estéticos de ponta. Mesmo assim, Kim está buscando uma carreira que não é só passear e tirar selfies. Em tempos de redes sociais, quantos de nós estamos nos propondo a enxergar nossa real missão? E mais: a sermos criticados publicamente, a não sermos perfeitos, a falhar, a passar vergonha, a sermos expostos ao ridículo?

A Kim está fazendo isso depois dos 40 anos, idade que em que poderia ser considerada "velha", mas aos 40 a gente está na metade da vida – talvez menos da metade! Quando falamos de tempo, nos prendemos muito na "data de validade" do sucesso, como se a gente ainda vivesse só até os 60 anos, por exemplo. Hoje as pessoas vivem muito mais, podem começar outra fase da vida aos 40 ou 50 anos e ainda viver bastante para experimentar essa carreira dar certo. Muitas vezes, o fracasso é temporário porque nos falta um pouco de resiliência antes de desistir, porque esquecemos que ainda temos tempo. Não parece, mas temos.

Existe um ditado que fala que existe mais gente que desiste do que gente que fracassa; eu vejo mesmo que muitas pessoas desanimam depois da primeira ou segunda tentativa frustrada. Só que, para mim, não existem gênios: o que existe são pessoas mais resilientes do que a média, que continuam tentando. Será que as pessoas bem-sucedidas são realmente geniais? Ou será que são apenas pessoas comuns que não deixam o ego atrapalhar quando o plano começa a dar errado? O fracasso pode ser contornado, a gente falha hoje, mas amanhã tudo pode mudar. As situações são temporárias, elas têm solução.

Não é tarde, eu juro!

O grupo de empreendedorismo Funders and Founders se dedica a produzir conteúdo em infográficos para explicar alguns conceitos para as pessoas. Eles pesquisaram qual idade as pessoas tinham quando criaram algumas das empresas mais famosas do mundo, e o resultado surpreende. O que ficou claro é que a regra implícita do "começar aos 35 é tarde demais" não corresponde à realidade: William Procter iniciou a Procter & Gamble aos 35, e Milton Hershey fundou a Hershey's quando tinha 37. E muita gente só fez sucesso depois dos 40: Vera Wang começou sua marca de vestidos de noiva depois dos 40; Adolf Dassler só começou a Adidas aos 41, e Charles Flint abriu a IBM aos 61.[39]

Fonte: Funders and Founders. Disponível em: https://notes.fundersandfounders.com/post/95454941362/too-late-to-start-at-35.

Achamos que não temos mais tempo, e essa falácia se liga a uma outra, ainda mais perigosa: que existe um jeito ideal de atingir o sucesso. Em 2016, o psicólogo organizacional Adam Grant publicou um livro em que analisou o que chamou de "pessoas únicas" e como elas pensam. Ele conta a história da Warby Parker, uma marca de óculos de grau dos Estados Unidos avaliada em mais de 1 bilhão de dólares e ao mesmo tempo o maior fracasso financeiro que ele, o próprio Adam, já cometeu.[40] Apesar de ser professor da Wharton, uma renomada instituição de negócios na Universidade da Pensilvânia, Grant fala que a pior decisão financeira que já tomou foi quando recebeu o convite dos alunos fundadores da Warby Parker para investir na empresa. Grant não aceitou porque achou que os alunos estavam tomando cuidado demais, já que nenhum deles ia largar o próprio emprego para trabalhar na startup – como eles iam fazer dar certo sem se entregar totalmente?

O que ficou provado é que foi justamente isso o que os levou ao sucesso, porque nenhum dos fundadores dependia financeiramente do negócio, então puderam olhar para a empresa de forma estratégica. Grant comenta que temos uma visão romantizada de como as transições de carreira devem acontecer, de como as empresas devem surgir. Espera-se que a gente jogue tudo para o alto, que sejamos empreendedores apaixonados – e muitas vezes a gente se cobra por isso e fantasia que vai reunir condições que são raríssimas de acontecer na vida do adulto: parar tudo para se dedicar a uma nova faculdade, focar 100% do tempo na empresa porque só assim vai dar certo. Vale lembrar que nem a bilionária Kim Kardashian conseguiu deixar seus negócios e seus quatro filhos para se dedicar exclusivamente à transição para a carreira de advogada.

Não conseguir rever a vida do jeito que romantizamos ou na idade que seria considerada a ideal também pode ter sabor de fracasso. Muitas vezes, a nossa virada não acontece no tempo nem nos termos que esperávamos, por isso pode parecer um fracasso. Olha, ao longo dos muitos desvios pelos quais passei, comecei a acreditar que o universo tem um *timing* próprio, e não é só no lado profissional.

Quando um casal quer muito ter um filho e isso começa a demorar para acontecer, a frustração é imensa, e o medo maior ainda. Tem gente que sofre muito por demorar um, dois anos para engravidar. Só que na minha cabeça é muito claro que tem uma época certa para aquela criança nascer: a mesma época do bebê com quem ela vai se casar trinta anos mais tarde, a mesma época dos bebês que se tornarão seus melhores amigos de escola, de faculdade.

Entrando em uma conversa mais espiritual, acredito que existe um ecossistema ao redor de uma pessoa que reúne os elementos que precisam acontecer ao mesmo tempo. Às vezes, as pessoas querem que as coisas aconteçam no tempo delas e consideram um fracasso não conseguirem o que querem no momento que imaginaram, no modelo que desejam. Mas a vida tem um *timing* próprio e que pode não fazer sentido no momento que a gente está vivendo, só depois que a gente já viveu.

A criança tem o mês certo para nascer, as vagas de emprego têm o momento certo para surgir, a pessoa tem que cair naquela empresa. Existem muitos detalhes que, se fossem diferentes, levariam a uma vida sem aquilo que mais amamos hoje. Para mim, por exemplo, uma dessas coisas foi trabalhar na Nestlé e conhecer a minha chefe, que é minha amiga até hoje e teve um impacto essencial na minha história e na minha vida. Eu poderia ter entrado na empresa em outro momento e nunca a teria conhecido. Eu poderia ter entrado no mesmo dia, no mesmo mês, mas em outro departamento, e nunca a teria conhecido. Ou seja, eu *tinha* que ser estagiária de comércio exterior. Pode ser só um ditado popular, mas realmente acredito que o que é nosso está guardado. ■

FRACASSAR PODE SER SÓ IGNORÂNCIA

VAMOS COMBINAR que a maioria dos fracassos tem muito mais a ver com ignorância do que com qualquer outra coisa, como incompetência, por exemplo. Este livro nasceu porque não encerro nenhuma entrevista do podcast sem que os convidados respondam qual foi o grande pneu furado da sua vida. Ao longo destes anos, acho que pelo menos metade dos entrevistados desabafou sobre a vontade de ter profissionalizado a empresa mais cedo ou com mais afinco, sobre a ignorância ter sido a pior inimiga deles em momentos que eram decisivos para as suas carreiras.

Muitos empreendedores mencionam ter feito algo que não sabiam que não era permitido ou não saber como administrar certas áreas da empresa. Para quem tem um negócio – e falo por experiência própria –, a profissionalização da empresa pode ser a etapa mais difícil. Quando a gente é muito boa no que faz e abre uma empresa para justamente fazer mais daquilo, aí é que a gente deixa de fazer só aquela coisa, de exercitar aquele talento. Por exemplo, depois que uma boleira muito boa abre a própria confeitaria, o que ela menos vai fazer é confeitar. Ela vai administrar impostos, pagar aluguel, pensar em preço, contratar fornecedores, gerir desperdício de material, gerenciar funcionário; é bem provável que ela passe meses sem decorar um bolo.

Eu não fazia ideia que…

Uma questão que as pessoas ainda têm dificuldade para entender é que o empreendedorismo exige de nós um pacote de habilidades que muitas vezes ainda não desenvolvemos até chegar ali. Nesse momento, quando você está empreendendo e desenvolvendo as habilidades que ainda não tinha, você se depara com diversos pontos cegos da sua formação, das suas práticas, inclusive da sua estrutura emocional. Nós não estamos preparados para lidar com tudo. E, tudo bem, somos seres humanos. Nós não *precisamos* estar preparados para lidar com tudo, mas isso não significa que essas coisas vão deixar de acontecer. Então, qual é a solução?

Pedir ajuda!

Parece óbvio, mas pense em quantos momentos da sua vida você passou noites sem dormir, quebrando a cabeça, tendo crises de ansiedade antes mesmo de abrir seus problemas para alguém numa conversa, uma simples conversa com alguém cuja experiência pode ajudar a resolver tudo? É por isso que hoje existem tantas mentorias, porque pedir ajuda pode ser realmente mágico. Mas dificilmente é a nossa primeira reação quando a vida fica mais complexa ou uma encruzilhada se apresenta. Compartilhamos muito pouco dos nossos problemas, talvez para proteger nosso ego, às vezes porque não temos tanta gente assim para confiar, ou simplesmente não pensamos nisso em meio ao turbilhão.

E pedir ajuda significa também entender que, apesar de existirem muitos autodidatas mundo afora, o melhor aprendizado vem quando outra pessoa nos desafia. Durante a pesquisa para escrever este texto, me deparei com o podcast derivado do livro *Freakonomics* e apresentado pelo coautor Stephen J. Dubner. Em um dos episódios, o autor chamou convidados para perguntar sobre como ser bom em alguma coisa, quer dizer, na verdade, como ser *excelente*. Porque, numa sociedade tão competitiva quanto a nossa, ser *bom* não é mais o suficiente na maioria das profissões. E aí a máxima de que "a prática leva à perfeição" logo veio à tona. Todos os convidados concordaram que a melhoria só vem com a prática – muita, muita, muita prática, mas que a equação não era tão simples assim. E, quando a gente fala de prática, precisa citar a famosa regra das 10 mil horas.

Você não precisa saber tudo, mas tem que saber aprender

Você sabia que, para se qualificar para correr a Maratona de Boston de 2025, um homem de 18 a 34 anos precisa comprovar (através de medições oficiais) que consegue correr o percurso em 3 horas ou menos? Esse é quase o mesmo tempo feito por Spiridon Louis, o atleta grego que, aos 23 anos, venceu a maratona nos primeiros Jogos Olímpicos da era moderna, em 1896. Pouco mais de 120 anos depois, quem detém o atual recorde mundial é o queniano Kelvin Kiptum, que venceu a Maratona de Chicago em 8 de outubro de 2023 com um tempo de 2 horas e 35 segundos, ou seja, 1 hora a menos. Impressionante, né?

Isso quer dizer que ficamos mais rápidos nos últimos cem anos? Não. A verdade é que a humanidade se especializou em aprender. Quanto mais melhoramos a arte de ensinar e aprender, mais competitivas ficam as nossas habilidades. E esse fenômeno do tempo da maratona se repete em outros esportes e até no meio acadêmico: pesquisadores que antes eram classificados como excelentes hoje não publicariam um artigo nas melhores revistas da sua área.

Em 2008, o jornalista Malcolm Gladwell publicou o livro *Fora de série*, no qual estudou por que algumas pessoas se tornam extraordinárias nas suas carreiras. Um dos conceitos ali apresentados se popularizou talvez até mais que o livro em si: a regra das 10 mil horas. Gladwell defende que, para atingir a excelência em alguma coisa, são necessárias pelo menos 10 mil horas de prática. Mas, na verdade, não é apenas o volume de prática que importa, mas a qualidade e a natureza da prática.

Pesquisas apontam que a prática que leva à excelência não é a repetição, e sim uma prática qualificada. Simplificando muito, significa que só repetir a mesma coisa não é o suficiente; precisamos ser desafiados e estimulados, ou seja, praticar com um professor, um mentor ou nos instigar a exercícios cada vez mais difíceis. Para quem costuma fazer musculação ou frequentar uma academia de ginástica, o raciocínio é natural: não se consegue mais músculos fazendo sempre o mesmo exercício sempre com o mesmo peso, assim como o resultado obtido com a orientação de um personal trainer é muito diferente do que aquele que conseguiríamos sozinhos. Professores e direcionadores de uma prática consciente fazem com que a gente fique excelente. Aprender a aprender é o segredo.[41]

Aprenda a ler seus próprios sinais

Aprender a aprender significa se desafiar a fazer coisas cada vez mais difíceis, mas também afinar sua percepção e notar os sinais de que talvez estejamos apostando em algo que não tem muito a ver conosco.

Maquiadora de formação e professora, Daniele Damata começou seu trabalho com a intenção de mudar a vida das mulheres negras, que sempre saíam da cadeira de maquiagem com a pele acinzentada. Seu olhar sensível envolve criar misturas de tonalidade (inclusive de forma artesanal, na hora de maquiar alguém) e dar aulas para compartilhar seu método. Hoje ela é uma das principais consultoras de beleza para o mercado cosmético, batalhando por cartelas de cores mais diversas e inclusivas junto a marcas como Avon, Sallve, Bruna Tavares e Contém 1g, e conta que o propósito é a parte principal do seu trabalho.[42]

Daniele contou que o maior pneu furado da sua carreira aconteceu em 2019. Na época, sua consultoria estava indo muito bem e ela achou que precisava ter uma escola física, um centro de treinamento para expandir o seu negócio. Esse sonho virou uma ideia fixa, e ela alugou uma sala (muito chique, segundo ela conta!) com uma reserva de dinheiro que tinha naquele momento. Não era um sonho tranquilo, porque ela se sentia insegura e com medo o tempo todo enquanto gerenciava a reforma do espaço e arrumava tudo para a inauguração da escola. Algo não parecia certo, o que a deixava muito apreensiva. Ela não tinha o valor total para terminar a reforma, mas achava que era o que *precisava* fazer.

Durante mais uma noite maldormida, Daniele disse que escutou uma voz dizendo: "Desiste". Ela não entendeu a princípio, mas na manhã seguinte achou melhor seguir seu instinto e voltar atrás na abertura da escola. Foi uma decisão que lhe custou 30 mil reais, entre despesas com aluguel, mão de obra e material para a reforma. Logo em seguida veio a pandemia de Covid-19, e a decisão se mostrou mais acertada do que nunca.

Daniele sentiu que estava se desviando do seu propósito, o de atender as pessoas, e agradece por ter tido essa intuição de olhar para uma coisa que estava tentando fazer, mas que não parecia certa, que ela sentia que ia dar errado, mas não sabia por quê. Ela diz que, olhando em retrospecto, percebeu que a escola não era um projeto conectado com seu projeto de vida. Tinha mais a ver com autoafirmação, com ego, com mostrar que poderia construir um império.

Tem coisas na vida que a gente realmente não consegue prever. Mas sempre podemos submeter nossas ideias a um teste que aprendi com Daniele, que sempre foi bastante impulsiva no que quer fazer: dar quinze dias de prazo para a ideia descansar e se assentar na mente antes de tomar alguma atitude. Muitas vezes quem é muito impulsivo se apaixona por certos projetos e emenda um projeto no outro, entrando de cabeça em tudo. Então o prazo de quinze dias serve para vermos se conseguimos seguir em frente ou não. Eu, que também sou impulsiva, adotei isto para a vida: sempre dou um tempo para entender como realmente me sinto sobre algo que quero fazer. Com frequência a gente já tem a resposta, mas sai correndo para não ter que ouvir um não de si mesma.

Uma das minhas amigas mais queridas fundou há doze anos uma empresa de moda que se tornou um sucesso. Liana Pandin Stamm fez com que se Ateliê de Calças se firmasse como um queridinho das mulheres por oferecer moda básica, corte clássico e caimento perfeito – e mulher sabe o quanto comprar calça pode ser complicado, ainda mais porque 90% das brasileiras não têm o corpo retilíneo adorado pelo mercado da moda. Fundadora raiz, Liana sempre foi a primeira pessoa a chegar ao trabalho e a última a sair, não tinha fim de semana; era onipresente no negócio.

Apesar da clientela fiel da marca, com o tempo, como acontece com grande parte das empreendedoras, bateu aquela vontade de mudar. Lembrando da infância muito feliz no interior paulista, Liana começou a pensar no quanto gostaria que sua filha tivesse a mesma experiência e a mesma proximidade com sua família estendida. A vontade de voltar para o interior conflitava com a dedicação de Liana à empresa, que era estrutural na vida dela.

Ao mesmo tempo, Liana foi assentando a ideia de que precisava mudar a empresa também. Ela era conhecida no mercado como "Liana do Ateliê de Calças", seu nome já aparecia antes do nome da empresa, então talvez fosse o momento de consolidar-se como marca enquanto expandia o catálogo para além das calças, oferecendo também outras peças. Era um momento de se colocar como protagonista profissionalmente. Depois, saiu do dia a dia da empresa, deixando de ir ao escritório e à loja.

Enquanto planejava a mudança de cidade, Liana contratou consultorias para fazer a mudança de nome da marca. Durante esse processo, aconteceu o que seria o começo de uma reestruturação total da empresa: ao mudar de nome, todas as contas da marca nas redes sociais foram bloqueadas, porque eram contas verificadas. O algoritmo das plataformas não entendeu que era uma mudança legítima e entendeu aquilo como uma tentativa de *hacking*. Da noite para o dia, Liana ficou sem sua lista de contatos.

Mesmo contando com ajuda profissional para reposicionar a marca, ninguém a avisou sobre esses riscos. Diversos problemas dificultaram o processo de transição, e nenhum dos colaboradores contratados para o reposicionamento nem sequer cogitou que o Instagram poderia cair ou que a base de e-mails poderia falhar, por exemplo.

Hoje Liana não conta essa história com tristeza. Ela sente que, de alguma forma, tudo deu errado para dar certo. A transparência se mostrou o melhor – e para ela, o único – caminho na hora de explicar a situação para as clientes. Liana compartilhava muitas informações no Instagram, permitindo que os clientes acompanhassem o processo de mudança. Ela fazia *stories* sobre os problemas e desafios, sobre o que a levara a tomar essa ou aquela decisão.

Enquanto a empresa enfrentava os desafios para a migração da marca e Liana se mudava para o interior de São Paulo, um mar de possibilidades se abriu. Ela passou a receber um número gigante de pedidos de consultoria e mentoria, além de ofertas de emprego. Liana já dava mentoria como um segundo trabalho, pois amava compartilhar seu conhecimento. Os problemas com a migração da marca foram decisivos, mas não foram o único evento que levou Liana a pausar a empresa.

O primeiro movimento foi a mudança da marca e a decisão de se colocar como protagonista. Ao assumir esse papel, Liana encontrou a liberdade para escolher a vida que queria ter. Quando mudou de cidade, surgiram lá muitas novas demandas profissionais que ela já desejava há muito tempo. A vida lhe deu oportunidades, e ela foi aproveitando cada uma delas. Em um dado momento, ao olhar para o contexto todo, entendeu que não poderia continuar com os dois caminhos. Assim, Liana pausou, ainda que temporariamente, seu ciclo como empresária para seguir por um caminho que sempre a encantou: ajudar outros empreendedores a crescer e resolver desafios, usando toda a experiência que acumulou ao longo dos anos.

A maioria das pessoas tem muito medo de mudar, mas a verdade é que, quando percebemos que é o momento de seguir em frente, é melhor agir logo do que empurrar com a barriga. Liana poderia ter mantido a loja, investido mais para recuperar as redes da marca, mas ainda estaria com a atenção dividida com as oportunidades que sua nova vida estava proporcionando.

Vale o ditado: se não fizer nada, a vida vai lá e decide por você. Não adianta ter medo de inovar. Quando você sentir que chegou o momento de mudar, é hora de começar a se mexer.

Tem coisas que você só vai saber vivendo

No caminho do fracasso por ignorância, sempre existe aquele que não tinha como evitar. Porque existem coisas que a gente só vai aprender quando passa por elas. Luanda Vieira, por exemplo, é uma jornalista especializada em moda, com muitos anos de estrada. Quando pedi que me contasse qual foi o seu maior pneu furado, ela disse que foi uma matéria em que denunciou a postura errada de uma escritora que tinha emitido uma opinião negativa – e bem infundada – sobre uma artista negra. Ela fez um texto explicando por que aquela crítica não fazia sentido e colocou no título da matéria o nome dessa escritora. Hoje ela se arrepende do nível de exposição que ela fez a tal escritora enfrentar.

Não havia nada de errado com o que a Luanda escreveu, mas o jeito de divulgar esse conteúdo e o impacto que ele teve sobre as pessoas envolvidas foram uma lição sobre a influência da profissão que ela guardou para resto da vida: depois que soltamos um discurso no mundo, não conseguimos mais controlar o que será feito dele, então toda fala precisa ser sempre muito bem pensada.

Por falar em coisas que a gente só aprende quando passa – e discursos não tão bem pensados – me lembrei de uma situação que o Bruno Rocha, que você deve conhecer como Hugo Gloss, contou em entrevista ao podcast. Ele é um grande amigo meu, um cara genial, engraçado, extremamente criativo. Todo o esforço do trabalho de anos na internet lhe rendeu uma contratação pela TV Globo em 2010, como redator do extinto *Caldeirão do Huck*. Mesmo trabalhando lá, ele não tinha parado de ser quem ele era e nem de atuar na internet como sempre atuou, escrevendo nas redes sociais comentários ácidos sobre novelas, atores, atrizes, enredo etc.

Fazia poucos meses que Bruno tinha sido contratado quando, enquanto almoçava, ele viu parte do elenco da novela *Viver a vida* numa mesa próxima. Logo ele fez uma piada sobre isso no X (antigo Twitter), mas alguém avisou a atriz Adriana Birolli, que fazia uma das filhas da atriz Lilia Cabral na novela, e as duas foram tirar satisfação com ele. Em uma atitude que ele hoje reconhece como imatura, Bruno retrucou e a discussão ficou feia mesmo. Ele só não foi demitido porque um artista muito importante interveio e explicou para as atrizes que na internet as coisas funcionavam de um jeito diferente.

Bruno diz que essa experiência serviu para entender que tudo tem hora e lugar: "Fiz uma piada idiota num momento e sobre um lugar que não era para fazer". Mas ele só se deu conta disso porque passou por essa situação.

Tem fracasso que não tem jeito: você vai ter que passar para pode aprender com ele.

O erro também conquista

E, falando em ignorância, precisamos voltar ao cancelamento. É claro que uma pessoa que promove um discurso ou uma ação criminosa tem que ser mais do que cancelada; precisa ser processada, mas muita gente é cancelada simplesmente porque errou. No capítulo do cancelamento falamos um pouco desses erros públicos, mas queria voltar e propor um raciocínio para você. Quando uma cantora famosa como a Luísa Sonza se separa, por que tanta gente se preocupa em odiar a menina? Especulações são criadas, traições sugeridas, mas mesmo se ela tivesse cometido todos esses erros (e não cometeu), por que tanta gente se preocupa em vingar o que ela fez ou deixou de fazer? Ou por que o trabalho dela como artista deixa de valer? Acho que a nossa sociedade se tornou maniqueísta, só existe bom ou ruim, tudo ou nada. Ou alguém está 100% certo e é 100% gostável, ou está 100% errado e é 100% odiável. Será que não dá para admirar uma artista, como a Anitta, por exemplo, entendendo que existem diversas faces das pessoas, que podemos admirar algumas, mas não necessariamente todas? E isso não significa que precisamos gostar e nem odiar alguém. Você pode admirar muito alguém e não admirar algumas partes, ou gostar de uma parte e não gostar da outra. Nem todo mundo serve para ser madrinha de casamento, colega de trilha ou terapeuta, e tudo bem.

A Ivete Sangalo, musa há décadas no Brasil, falou certa vez sobre um dos acontecimentos que mais repercutiram na sua vida.[43] Durante um show de Réveillon de 2015 para 2016 em Guarajuba, na Bahia, Veveta estava se apresentando e avistou, do palco, uma mulher falando com o seu marido. Naturalmente (e com o jeito cômico que só ela tem) lançou uma frase que ficou famosa: "Quem é essa daí, papai?". Ela conta, anos depois, que aquela foi a primeira vez que expôs o marido. Ivete estava acostumada a ser o centro das atenções, mas ele não, e a primeira vez ocorreu do jeito mais estressante possível. No dia seguinte, o Brasil inteiro odiava o moço. Ivete contou que ele lidou numa boa, mas ela se sentiu mal por ele ter sido cancelado. Gerar o cancelamento de alguém é complicado, porque as reações estão muito inflamadas para erros simples.

E quantas vezes todos nós não falamos bobagem? Não só no passado, mas muito recentemente? As pessoas falam algo do qual se arrependem toda hora. A própria Ivete comentou na mesma entrevista que fazia todo o tipo de piada nos shows, porque ela é uma artista que fez sucesso antes das redes sociais. Hoje ela tem medo de falar certas coisas. Quantas pessoas estão deixando de ser autênticas por medo da opinião pública? De novo, reforço: não estou falando de discursos criminosos, racistas, homofóbicos, transfóbicos; isso não é erro, é crime. Mas as bobagens, as gafes e as cafonices são vistas como representação do *todo* que a pessoa é, em vez de serem consideradas apenas como *uma parte* da pessoa. Aos poucos, estamos perdendo o direito de errar publicamente, aumentando o tabu sobre o erro.

Em um documentário sobre o Ayrton Senna, o piloto brasileiro comenta a famosa rivalidade com Alain Prost, outro piloto da Fórmula 1. Eles eram superinimigos. A imprensa costumava enfatizar o quanto o Prost era detestado por ser perfeito demais. Comentavam que ele botava o regulamento debaixo do braço e ganhava as corridas por entender as regras, que ele fazia tudo mecanicamente, que mais parecia um computador. Já o Senna era o oposto: quebrava milhares de regras, era obstinado, talentoso e extremamente passional no trabalho. Muitas vezes ele não ganhava a corrida, mas se tornava o assunto mesmo assim, e muita gente só ia às corridas para ter uma chance de vê-lo competir.

Quando ganhou o torneio de 1988, Senna declarou para a imprensa, muito emocionado, que esperava ainda poder ser uma pessoa melhor, que reconhecia cometer muitos erros.[44] Mas isso não o impedia de ser muito amado pelo público na condição de herói imperfeito. Porque o tabu do erro precisa ser revisto, o erro não é uma vergonha, e sim uma fonte de autenticidade. E talvez, nos seus piores erros, nas ignorâncias de doer, existam pistas do que há de mais amável sobre você.

FRACASSAR PODE SER UM PROBLEMA DAS SUAS RELAÇÕES

UMA VEZ LI EM ALGUM LUGAR que não existe relação neutra. Uma relação, não importa a sua natureza – amizade, amor romântico, coleguismo –, pode nos fazer pessoas melhores ou piores. Pode nos ajudar ou atrapalhar. Pode fazer nossa carreira avançar ou atrasar em alguns anos nosso desenvolvimento profissional. Já estamos a um bom número de páginas dissecando o fenômeno do fracasso (e as suas benesses), e fica evidente que o fracasso sempre tem a ver com nossos pontos cegos. E talvez não exista um gerador maior de pontos cegos do que nossos relacionamentos, porque o afeto faz a gente ignorar muitas bandeiras vermelhas.

As ligações emocionais são essenciais para a sobrevivência dos seres humanos. O *Homo sapiens* não é o animal mais forte nem mais inteligente na natureza. Nós também não enxergamos no escuro, não corremos tão rápido nem temos uma boa audição e visão se comparados com outros animais. Somos fraquinhos, sem garras e unhas afiadas, e podemos facilmente ser mortos por outros seres na floresta. Mas então como a humanidade conseguiu não só sobreviver, mas dominar o planeta Terra? Pois é, nós temos a incrível habilidade de nos relacionar. Juntos somos mais fortes. Mentoramos uns aos outros, criamos plantações, saberes, livros, armas, prédios. Tudo isso pela nossa capacidade de nos relacionar com os outros membros da nossa espécie. É por isso que tanto o sucesso quanto o fracasso pode ser uma questão de relações.

De olho nos relacionamentos

No capítulo anterior falamos sobre a falta de conhecimento, especialmente de gestão, que é a resposta mais frequente, de acordo com o DataCarona. E arrisco dizer que a segunda resposta mais comum tem a ver com relacionamentos.

Muitas das pessoas que entrevistei relatam que seus pneus furados vieram quando confiaram em gente errada, quando se deixaram levar por relacionamentos que não as faziam crescer, fecharam contratos com agentes ou colaboradores que não estavam trabalhando em prol de interesses compartilhados. Sem falar em amigos, cônjuges e parentes que acabaram se tornando uma âncora na vida de quem está tentando fazer um projeto decolar. No caso das mulheres heterossexuais, então, relacionamentos podem ser catastróficos. Não são poucos os maridos e namorados que entram em parafuso quando elas começam a assumir o protagonismo da vida pessoal, da vida a dois – e das contas da casa.

Eu, é claro, não fico de fora. Já me decepcionei muito com amigos, por exemplo. Tratei e ainda trato muito na terapia a minha necessidade de aprovação, que é enorme. Essa necessidade me fez uma jovem muito submissa aos meus amigos. Para que gostassem de mim, me colocava no lugar de coadjuvante, nunca de protagonista da história, sabe? Passava noites e noites escutando as questões das amigas, sem mencionar as minhas, por exemplo. Na adolescência, sempre queria ser a melhor amiga, a mais legal, ser amada, ser aceita. Como achava que não cumpria o padrão estético da época, achava que o caminho era me tornar a melhor amiga do menino mais bonito, por exemplo. Agitava todas as minhas amigas para ele, e era a superamiga de todo mundo, mas estava sempre em segundo plano.

Mesmo no começo da vida adulta, continuei acreditando que precisava ser a pessoa mais dedicada e prestativa, ou não mereceria nenhum amor. Saía de onde estivesse, na hora que fosse, para acudir uma amiga em apuros – pense em telefonemas às três da manhã por conta do término de um relacionamento.

Conforme a maturidade foi se instalando, chegou um momento em que ser coadjuvante já não servia mais para mim, eu queria ser a protagonista. Nesse movimento de abandonar o papel de fiel escudeira e me transformar no personagem principal da minha história, muitos amigos que estavam acostumados a ser os protagonistas da nossa relação não entenderam a minha mudança de postura. Tive momentos de tensão, mas também de desapego, viu.

O *De Carona na Carreira* surgiu nesse momento, quando comecei a assumir as rédeas da minha vida. Eu queria empreender, ganhar dinheiro. Foi nessa época também que fiz uma cirurgia bariátrica – queria me sentir e me ver como eu era de verdade, e não a partir das proteções que tinha criado para as minhas inseguranças. Naquele momento, comecei a pensar: "Acho que mereço um brilho, um holofote". Passei anos com muito medo de ser vista e de estar no centro dos acontecimentos por não me achar digna de atenção. Foram anos pensando:

"Mas, nossa, por que alguém olharia para mim? O que eu tenho para oferecer?". Com a construção do podcast essa crença foi se desfazendo fui assumindo meu protagonismo. Nesse momento, muitas amizades terminaram. Não porque as pessoas são ruins ou mal-intencionadas, mas porque não souberam lidar com essa mudança na dinâmica da nossa relação.

Claro, também existem as pessoas tóxicas; os psicólogos as descrevem como vínculos que geram uma convivência nociva. Uma pessoa tóxica pode ser o clássico amigo invejoso ou competitivo, mas também gente que se vitimiza, que é muito pessimista ou que nos magoa "sem querer", expondo nossos segredos e defeitos ou fazendo chacota de alguma característica pessoal.[45] Se reparar bem, essa gente está sempre nos puxando para baixo, e acabamos nos acostumando a receber críticas constantes. Já vi inúmeras pessoas compartilharem na internet histórias na trend "passei anos com uma amiga que me odiava, e eu não percebia", a clássica *frenemy* (amiga-inimiga, em inglês), que lança sobre nós aquele olhar ferino disfarçado por um abraço.

Mas será que pessoas ao nosso redor podem, além de nos puxar para baixo no discurso, também literalmente nos sabotar? Acho que sim, especialmente quando falamos de carreira. É para os nossos amigos que abrimos nossos sonhos, planos e projetos. Em uma amizade tóxica, essa vulnerabilidade pode ser recebida com críticas, piadas ou simplesmente um olhar que diz "ai, lá vem ela com bobagem", e pode minar nossos planos e atrasá-los em anos. Existe também a pessoa que quer que você cresça, mas não muito; você pode até ter boas notícias, mas não pode estar melhor do que ela.

Acredito que é importante normalizar os fins de ciclo quando percebemos que uma relação não tem mais nada de positivo. Faz bem se livrar de gente que não nos faz bem, sabe? Porque talvez a gente tenha mesmo essas amizades tóxicas, e custe a perceber isso. Então, vamos normalizar o fim do ciclo e nos cercar de pessoas que queiram crescer com a gente, que queiram ver a gente crescer. Para mim, uma dessas pessoas é a Bruna Tavares, jornalista e empresária do ramo da maquiagem. Ela é uma amiga bem próxima, uma pessoa que me incentiva muito a brilhar. Ela tem milhões de seguidores nas redes sociais, e eu tenho pouco mais de 50 mil – mas Bruna enxerga em mim um potencial até quando eu mesma estou duvidando, e isso é muito importante numa amizade.

Enquanto escrevia este livro, a famosíssima Sasha Meneghel lançou uma marca de moda. Muita gente na internet comentou sobre as vantagens que ela, sendo filha da eterna rainha Xuxa, teria tido para fazer isso, mas não vi ninguém comentar sobre outro detalhe daquele momento: as fotos divulgadas pela imprensa mostram, na primeira fileira do desfile de lançamento, uma das melhores amigas dela – ninguém menos do que a atriz Bruna Marquezine – aos prantos de felicidade pela amiga. Chorando de emoção, por saber que aquela conquista era um grande sonho, Bruna ainda declarou em entrevista: "Os sonhos dela são os meus sonhos".[46]

Uma amizade que celebra o nosso sucesso é um tesouro que precisa ser reconhecido e preservado. Porque muita gente à nossa volta está mais preparada para o fracasso do que para o sucesso; são pessoas que saberiam acolher nossas reclamações, mas talvez nem tanto as nossas comemorações ou as celebrações de nosso talento e inteligência. Talvez seja no sucesso, e não no fracasso, que a gente consiga ver melhor quem são os amores e amigos que estão ao nosso lado.

O afeto nos confunde

Entrevistados de ramos muito diferentes de atividade relataram que seu maior pneu furado foi ter confiado nas pessoas erradas. A astróloga Virginia Rodrigues era advogada antes de mudar de carreira e se tornar conhecida como a astróloga dos famosos – especialmente da Anitta, ficando muito popular nas redes sociais com suas análises e conteúdos. Na entrevista que deu ao podcast, ela comentou que sentiu que seu maior fracasso foi a ingenuidade no começo da carreira quando o assunto era relacionamentos. Ela relata que confiou em pessoas em quem não deveria ter confiado, desde contratar gente que depois não podia demitir até aprender a ter mais cuidado com as informações que passava para as pessoas, pois ao longo da carreira muitas de suas ideias foram roubadas.

A psicóloga Manuela Xavier, que já estruturou cursos e aulas para abrir os olhos de milhares de mulheres sobre relacionamentos, apontou a mesma coisa: houve uma época em que a ingenuidade foi um grande erro. Ao longo da sua jornada de deixar de ser pesquisadora e professora universitária para se consolidar como comunicadora, ela passou por fases de acreditar que não sabia de nada – como estruturar o negócio, a carreira e outras questões mais burocráticas – e acabou confiando em outras pessoas para tomar as decisões, o que resultou em muito prejuízo, tanto emocional quanto financeiro. Ela também contou no podcast que demorou para entender que ninguém conseguiria saber mais sobre a empresa do que ela mesma. A chave virou quando Manuela entendeu que só ela, que idealizara tudo e fazia todo o conteúdo, poderia saber o que funcionava para o público que ela mesma conquistou e com quem se relacionou ao longo dos anos. O erro foi a ingenuidade de achar que ela não saberia, que outra pessoa pudesse saber mais. Entender que Manuela tinha uma marca, um modo de fazer, abriu muitas oportunidades, e o negócio deslanchou.

Algo muito parecido aconteceu com a cantora Luedji Luna. Ela contou no podcast que, em determinado momento, depois que finalmente conseguiu ser cantora profissional e começar a ganhar dinheiro com o seu sonho, delegou muitos aspectos da carreira para outras pessoas. Naquela explosão do sucesso, fazia muitos shows e se sentia muito cansada para ser a estrategista que tinha sido no início – exatamente a atitude fez aquele momento acontecer. Não deu certo, e Luedji se viu na missão de retomar processos, olhar planilhas, tomar decisões estratégicas e se reapropriar da carreira, não só na parte criativa, mas também no negócio. Ela conta que quase desistiu, porque era muita coisa, mas que valeu a pena. Valeu semear lá atrás a tranquilidade que ela vive hoje e tomar as decisões de carreira para ser, além de cantora, uma empreendedora.

Karol Conká, de quem a gente já falou no capítulo sobre cancelamento, também viveu algo semelhante: confiou em pessoas que não tinham capacidade para levar a carreira dela adiante. Foi um erro que trouxe muito aprendizado, porque, no caminho para remendar esse pneu furado, ela aprendeu a ser empresária de si mesma. Hoje ela tem um estúdio próprio e conquistou muito mais do que jamais imaginou. Ela ainda deu o recado: "Tampa o ouvido e faz, só ouça quem realmente deu certo".

E não me surpreende que a confeiteira Isabela Akkari também tenha passado pela mesma coisa. Ela se tornou uma sensação por fazer doces clássicos franceses sem glúten e sem açúcar e relatou que seu pneu furado foi justamente os relacionamentos. Ela disse que já confundiu relações pessoais com profissionais e confiou demais em pessoas que não eram lá grande coisa.

Deu para perceber quantas mulheres talentosas, fora da curva e brilhantes, pecaram por excesso de confiança em gente que não dava conta de apoiar os sonhos delas? Todas têm em comum um questionamento muito frequente entre as mulheres: achar que outra pessoa vai saber mais e decidir melhor do que nós mesmas sobre nossa própria vida.

Esse fenômeno está longe de ser novo e já foi até objeto de estudos: chama-se Confidence Gap, ou disparidade de autoconfiança.[47] Em 2011, o Instituto de Liderança e Gestão, no Reino Unido, entrevistou gestores britânicos sobre o quanto se sentiam confiantes na profissão. Metade das mulheres entrevistadas relatou dúvidas sobre seu desempenho profissional e carreira, em comparação a menos de um terço dos homens entrevistados. A professora de economia da Universidade Carnegie Mellon Linda Babcock descobriu, em estudos realizados com estudantes de escolas de gestão, que os homens iniciam negociações salariais quatro vezes mais frequentemente do que as mulheres, e que, quando as mulheres negociam o salário, pedem 30% menos dinheiro do que os homens.

Somos socializadas para acreditar piamente que alguém poderia estar fazendo tudo o que nós fazemos melhor do que nós mesmas. Frequentemente vejo mulheres que já sabem o que fazer, já sabem que algo não está certo, mas esperam ter "provas" daquilo porque acham que estão encucando com um projeto ou uma pessoa. Aí, claro, elas quebram a cara por não terem confiado no que já sabiam por instinto. Parece que precisamos de uma comprovação externa de algo que, por vivência, já temos a intuição de que vai dar errado. E intuição nada mais é do que recolher as pistas (mesmo aquelas que não são óbvias, mas nossa mente registrou) e fazer as ligações para projetar o futuro. Nós chamamos de intuição; os homens, de inteligência.

Acredito que as mulheres não são incentivadas a escutar seu instinto, talvez porque isso possa parecer pouco profissional, mas é uma habilidade que nos faz falta na hora de estabelecer relacionamentos. Muitas vezes, o excesso de ingenuidade toma esse lugar, como nas situações vividas pelas empreendedoras entrevistadas no podcast.

No capítulo anterior falamos muito sobre as nossas ignorâncias, nossos pontos cegos, e não existe nada melhor do que um relacionamento saudável, uma boa amizade, para nos abrir os olhos para nossos defeitos. Vai ser sempre um desafio de carreira entender quando podemos pensar "Confio em mim, vou fazer do meu jeito" e quando devemos pedir ajuda. Mas antes de começar a acreditar na opinião de alguém, pergunte-se: essa pessoa torce ativamente pelo meu sucesso? Ela entende quando dou menos atenção para o relacionamento porque preciso priorizar um projeto meu? E mais do que isso: essa pessoa tem sucesso ou experiência para atuar como mentora ou é só a falta de autoconfiança que está falando?

Relacionamentos no trabalho são decisivos

Claro, relacionamento não é só algo para tomar cuidado, para ficar com o pé atrás. Relacionamentos são a parte mais gostosa da vida e têm potencial para bombar a sua carreira não só pelo networking, mas porque, com bons relacionamentos, podemos ser muito mais felizes trabalhando.

Um grupo de pesquisadores conduziu entrevistas com 160 pessoas de diversas indústrias e posições nos Estados Unidos e descobriu repetidamente que o florescimento de uma carreira depende tanto da escolha dos relacionamentos, dentro e fora da empresa, como da escolha do trabalho em si.[48] As pessoas cujo trabalho é menos ou mais complexo têm a mesma probabilidade de se sentirem satisfeitas e realizadas se investirem proativamente em relacionamentos que as nutram e criem um senso de propósito.

Estudos mostram que as conexões sociais desempenham um papel central na promoção de um senso de propósito e bem-estar no local de trabalho. Eles também afetam os resultados: o gerenciamento eficaz do capital social dentro das organizações facilita o compartilhamento de aprendizado e conhecimento, aumenta a retenção e o engajamento dos funcionários, reduz o *burnout*, desperta a inovação e melhora o desempenho.[49]

Entenda quem fecha com você

Quando a Luana Génot veio ao podcast, ela falou sobre algo que, pelo menos para mim, foi uma grande lição. Publicitária de formação, Luana é fundadora e diretora executiva do Instituto Identidades do Brasil (ID_BR), colunista, apresentadora de TV, curadora e pesquisadora de questões raciais – e muitas outras coisas, daria para escrever um livro só sobre os talentos dela. Mas mesmo uma mulher que faz parte da rede de Jovens Líderes do Fórum Econômico Mundial, como a Luana, já se viu desacreditada em uma sala de reunião. Ela conta que precisou aprender a ter à sua volta somente pessoas que estivessem em sintonia com ela, seus propósitos e projetos, porque seu pneu furado na carreira foi justamente perder muito tempo com gente que não entendia o que ela estava tentando fazer – e, por não entender, tentava impedir ou modificar sua visão inicial.

A pior coisa que tem é ser descredibilizada ou até sabotada pela própria equipe. Já passei pela situação de desenvolver um projeto no qual a equipe não botava fé na minha visão do trabalho. Era uma websérie (não darei detalhes, mas vale a história) e chamei um profissional para fazer a redação. Não estava dando muito certo, mas, mesmo sentindo que a coisa não ia, me forcei a trabalhar com ele porque tinha mais experiência que eu. Já sabemos o que virou, não é mesmo? Ele se sentia o dono do projeto e me relegou ao papel de boneca falante do texto. Precisei retomar o protagonismo e a propriedade de uma ideia que já era minha, um projeto meu. Foi complicado, chegou até a dar processo – o que também me ensinou a nunca executar ideia nenhuma sem contrato prévio. Se envolve dinheiro, tem que ter contrato.

Lembra do que a Virgínia Rodrigues comentou mais cedo neste capítulo, de que várias ideias dela foram roubadas? É que as ideias não pertencem a ninguém, só a quem as executa primeiro. E se dou uma ideia para alguém e essa pessoa acrescenta uma mísera vírgula nessa ideia, ela já pode se chamar de coautora. Por isso, antes de sair compartilhando tudo por aí, registre suas ideias. A romancista Elizabeth Gilbert, em seu livro *A grande magia*, diz que as ideias são como vírus no ar, estão só procurando um corpo para se manifestar.[50] Se não se manifestarem em você, vão passar para outra pessoa e se manifestar nela.

Sempre tive dentro de mim esse impulso de realização, porque sempre tive a crença de que, se eu não fizer, alguém em breve vai fazer. Convenhamos, mesmo se Thomas Edison não tivesse inventado a lâmpada, nós não estaríamos no escuro até hoje. E o processo dele se deu a partir de várias outras invenções.

Apesar de meu discurso sobre ideias parecer um desvio neste capítulo, ele também tem a ver com relacionamentos e protagonismo. Proteger e valorizar nossas ideias e opiniões e ter a força de sair para o mundo e executá-las é protagonismo. É uma atitude essencial quando falamos de estabelecer relacionamentos saudáveis – e não nos deixar desviar das nossas ideias, percepções e sonhos. Quem está com muito medo de ser protagonista em geral joga o volante para o outro conduzir. Acredita demais na opinião do outro. E isso sim é um fracasso que não vale por um MBA. ▪

SOMOS SOCIALIZADAS PARA ACREDITAR PIAMENTE QUE ALGUÉM PODERIA ESTAR FAZENDO TUDO O QUE NÓS FAZEMOS MELHOR DO QUE NÓS MESMAS.

FRACASSAR TAMBÉM É LIVRAMENTO

JÁ VIROU ATÉ MEME na internet dizer que algo foi "livramento", principalmente quando falamos de relacionamentos amorosos. Em 2023, a expressão rompeu a bolha do mundo das fofocas nas redes sociais quando a atriz Bruna Marquezine foi entrevistada pela Blogueirinha, personagem criada pelo youtuber Bruno Matos, no programa *De frente com Blogueirinha*.[51] Em dado momento, a entrevistadora lhe perguntou: "Um livramento?". E, após alguns segundos significativos de silêncio, ela caiu na risada, levando a entrevistadora a rir também. Todo mundo sabia por que (na verdade, de quem) ela estava rindo: seu ex-namorado mais famoso, o jogador de futebol Neymar Jr., com quem Bruna ficou entre 2013 e 2018 e que, desde o término, se envolveu muito mais em polêmicas do que títulos e vitórias.[52]

Termo muito utilizado por pessoas religiosas, livramento significa se livrar de algo ou se libertar (juridicamente, quando uma pessoa está presa, cumprindo pena, e é solta, isso também é um livramento), segundo o dicionário. Pensando por esse lado, e por tudo o que a gente já conversou até aqui, fica visível que há muitos fracassos na nossa vida que são livramentos.

O jeito mais fácil de explicar a dinâmica do livramento são relacionamentos amorosos. E nesse caso não acho que o fracasso providencial seja exclusividade das mulheres. Tanto homens quanto mulheres já passaram por um relacionamento em que só a gente não vê as coisas que estão erradas, o quanto a outra pessoa não agrega nada e só atrasa a nossa vida – quando o relacionamento acaba, os amigos agradecem aos céus, mesmo que silenciosamente. Esse tipo de relação se baseia em vínculos que, de um jeito ou de outro, conversam com nossos traumas, nossas falhas, nossas carências, de modo que a gente se sente completamente apegado a uma dinâmica que é tóxica.

Passar por um término de relacionamento que é um livramento é uma experiência universal. No momento que esse rompimento acontece, você chora, acredita que nunca mais vai encontrar alguém na vida, que nunca mais ninguém vai te amar daquele jeito, que ninguém vai ser incrível como o ex. E daí passam-se alguns anos e você reencontra essa pessoa – talvez veja de longe no supermercado ou bem de perto nas redes sociais (porque hoje em dia é quase impossível perder contato de vez) – e você pensa: "Nossa, ainda bem que acabou! Onde que eu estava com a cabeça?".

É claro que a gente sofre e chora por um coração partido, por um amor perdido. Mas, na minha idade, inúmeras vezes já olhei para boys por quem eu arrastaria um bonde e só consegui pensar: "Ainda bem que me livrei de uma vida dessas". Sob outra luz, e com algum afastamento do drama, é possível enxergar um ex-amor pelo que ele era quando não estava coberto da nossa ilusão: talvez um cara todo acabado ou grosseiro, cuja vida só anda para trás ou que fazia a *sua* vida andar para trás quando estava perto dele. A partir de uma visão mais ampla, que só o tempo entrega, conseguimos desvendar aquilo que a paixão escondeu durante o envolvimento. Ai, ai, que livramento.

Mas... como reconhecer um livramento?

Quem olha de fora muitas vezes não percebe que alguns términos são o melhor resultado possível para aquela pessoa, porque fazemos um julgamento da vida alheia baseado numa visão restrita. Vamos pensar em uma separação que foi uma surpresa para os brasileiros: Fátima Bernardes e William Bonner, anunciada em 2016.[53]

O país ficou triste, pois eram dois apresentadores muito queridos do público, casados há muitos anos. Muita gente achou que a Fátima tinha saído perdendo, e muito. Uma mulher com mais de 50 anos sozinha, enquanto o homem seguia como editor-chefe do *Jornal Nacional*, no horário mais nobre da televisão. Eles anunciaram a separação em agosto, e em setembro já havia rumores de que Bonner estaria namorando (com a foto dele e o novo *affair* sendo negociada entre os portais de fofoca).[54] Só que, mesmo antes da separação, o programa matinal dela – *Encontro com Fátima Bernardes* – já era um dos mais rentáveis da televisão, e no ano seguinte ela apareceu namorando um homem mais novo, indo a shows e carnavais, se fantasiando de Mulher-Gato, no momento mais lindo, popular e deslumbrante da sua vida. Mas num primeiro momento parecia que ela tinha perdido muito, não é? E hoje não tem como a gente dizer isso.

Outro exemplo, ainda mais conhecido, é o de Jennifer Aniston e Brad Pitt, dois dos artistas de TV e cinema mais famosos de Hollywood. Os dois tiveram um casamento lindo, e as pessoas ficaram morrendo de pena da Jennifer por ela ter sido trocada pela Angelina Jolie. Alguns anos depois, é a vez de Brad e Angelina se separarem, com acusações graves de agressão e alcoolismo contra ele; vai vendo o livramento de Jennifer Aniston.

Nos relacionamentos amorosos, é possível identificar o livramento muito claramente, e nos relacionamentos profissionais não é diferente: a maioria das demissões pode ser um livramento, assim como as falências, porque talvez estivessem te desviando do que você realmente tinha que fazer. Fracassar na carreira muitas vezes é uma quebra necessária para nos colocar de volta ao caminho do nosso talento, da área na qual vamos ganhar mais dinheiro e ter mais reconhecimento. Mas, na hora da dor e da rejeição, é quase impossível perceber isso.

Neste livro, em muitos momentos, já conversamos sobre temas parecidos: muitas vezes o fracasso é apenas um ponto de vista, um ângulo pelo qual estamos enxergando as coisas. Fracassamos em uma negociação para entender que, na verdade, aquele cliente seria uma roubada, por exemplo. Percebemos que aquele emprego levaria nossa carreira para um lugar ao qual não gostaríamos de ir. Entendemos, muito depois, que o fracasso redirecionou um jeito equivocado de ver a vida ou de lidar com os negócios. Temos uma visão de curto prazo e não entendemos o que acontece depois do fracasso, o que acontece depois da torta na cara. A gente só sente a dor e a rejeição, a vergonha de não corresponder à imagem que tínhamos de nós mesmos.

Eu me lembro de ter tido um chefe, muitos anos atrás, que era superexigente, do tipo que faz questão de que a equipe seja a primeira a chegar e a última a ir embora da empresa. Ele estabelecia muitas regras o tempo todo, e quem não as seguisse à risca estava ferrado. Quando saí desse emprego, ele me chamou para conversar e acabou comigo, fez com que me sentisse uma fracassada, como alguém que não ia conseguir fazer mais nada. Saí de lá muito mal, mas mantive minha decisão. Depois de um tempo, soube que ele foi demitido por acessar e compartilhar pornografia dentro da empresa.

Como diria a maior diva do Brasil, Ana Maria Braga: "Tem gente que é o pacote completo: além de lixo, é um saco". E tem emprego que é assim também; é melhor se livrar logo, mesmo que dolorosamente – afinal, precisamos trabalhar para sobreviver, e perder o emprego não é nada fácil – mas é melhor do que construir um caminho que, a longo prazo, só vai solidificar uma vida infeliz.

A vida é um ciclo

Não enxergamos o livramento das outras pessoas porque não é o tipo de conteúdo que vira post nem foto bonita nas redes sociais. Só conseguimos perceber, com sorte e muita terapia, nossos próprios livramentos ou o de pessoas muito próximas. E isso leva a uma distorção da realidade, porque acabamos comparando nossos momentos de fracasso com os momentos de sucesso das outras pessoas, sem saber quantas coisas elas passaram para chegar até ali.

Como sempre, a comparação atrapalha o nosso discernimento. O hábito tão comum de se comparar com outras pessoas é uma doença ainda não documentada, na minha humilde opinião. Só que tanto o sucesso quanto o fracasso são impermanentes; a pessoa que hoje está no auge amanhã pode não estar. E não porque ela é ruim, mas porque a vida é cíclica, alguém novo aparece, ou surge uma inovação, e vamos, enfim, abrindo espaço. A gente vê muito isso na internet: as *influencers* que estão bombando hoje não são as mesmas que vão estar no auge daqui a um ano. E tudo bem, porque quem bombou antes, se for inteligente, conseguiu aproveitar o momento para investir nos próximos caminhos de carreira, depois que a popularidade baixar.

Fora que alguns fracassos não podem ser evitados, e nem são um fracasso pessoal, apenas movimentos de regulação de uma carreira ou até de uma indústria inteira. Segundo analistas, artistas gigantes como Ivete Sangalo, Ludmilla e Jennifer Lopez tiveram que cancelar mega-turnês de aniversário de carreira por falta de demanda, apesar de elas estarem longe de ser um fracasso.[55, 56] Não ter demanda para shows quer dizer somente que talvez esse formato não funcione mais.

Tentar adivinhar todos os elementos que compõem um fracasso é impossível, por isso que muitas vezes sofremos por um livramento. Veja o caso da Marina Morena, uma empresária de origem simples que foi acolhida pela família Gil quando criança. Em pouco tempo, tornou-se uma das empresárias mais *hypadas* do Brasil, fundadora da agência MAP, que representa nomes como Anitta, Regina Casé, Astrid Fontenelle e Jade Picon. Quando contou seu pneu furado no podcast, Marina lembrou as muitas vezes que um negócio deu errado e um tempo depois ela descobriu um escândalo sobre o cliente ou a marca com quem não tinha conseguido finalizar a negociação.

Em um caso especial, houve um erro em um contrato com um grande ator, com décadas de carreira, e todo o job ruiu. Era um nome forte para um cliente com muita grana, o tipo de trabalho que faz o ano de uma agência. Mesmo com os melhores esforços, depois desse erro, a coisa toda desandou e não rolou mais. No final, esse cliente se envolveu em uma bomba; se a Marina tivesse feito o que achava certo na época, estaria ferrada, nas palavras dela. Tem contratos que não acontecem e isso se torna um livramento, ela concluiu. Na hora a gente pode até se remoer por ter perdido uma grana boa, mas aí passa um ano desse fracasso e o cliente passa por um escândalo, ou outra verdade incômoda aparece, e só aí você se dá conta do que conseguiu se safar.

Ainda bem que deu errado

Outro que aceitou o fracasso como livramento é o jornalista Chico Felitti. Repórter da *Folha* por mais de dez anos, em 2017 Chico escreveu o perfil de um personagem que circulava pelo centro de São Paulo cujo apelido era Fofão da Augusta.[57] Chico atravessou a barreira que separava a lenda urbana para conhecer a pessoa por trás do rosto deformado depois de muitos procedimentos estéticos. Sua pesquisa impecável aliada à narrativa envolvente sobre esse personagem trouxeram um reconhecimento ainda maior para o seu nome e, mais tarde, se transformaram em livro.[58]

Ao longo dessa trajetória, Chico desenvolveu podcasts narrativos e investigativos, emplacando uma das séries mais ouvidas dos últimos tempos: *A mulher da casa abandonada*.[59] No podcast, ele destrincha a história de uma senhora que mora sozinha em uma casa caindo aos pedaços em uma área nobre de São Paulo – e que esconde um passado de problemas judiciais nos Estados Unidos por manter uma funcionária em condições de trabalho análogas à escravidão. Os trabalhos de Chico são marcados por uma pesquisa minuciosa e, se tem algo que ele faz muito e faz bem, é trabalhar.

Quando perguntei a ele qual foi o grande pneu furado de uma carreira tão prolífica, veio o clássico: entender que não dar certo em alguns lugares é livramento. Chico contou que seus maiores erros ocorreram quando topou trabalhar em empresas enormes, que não lhe davam a liberdade de que ele precisava para funcionar bem. No caso dele, trabalhar para grandes grupos ou grandes canais de televisão foi algo que, de início parecia bom, mas se revelou um desastre. Foram lugares com um nível de burocratização tal que o impediam de trabalhar; muita gente sabe lidar com isso, se dá bem, aproveita para crescer nessas superestruturas, mas, para ele, não funcionava.

Certa vez, Chico foi contratado para fazer um produto que ele poderia ter desenvolvido sozinho, mas havia a exigência de trabalhar com outra editora e sob a supervisão de nada menos do que sete chefes, todos homens, avaliando o trabalho e aprovando cada entrega. Claro que deu errado. Depois de algumas propostas sedutoras que falharam, Chico aprendeu que sua moeda de troca para o trabalho não é dinheiro, e sim liberdade. Mas para esse entendimento chegar, muita coisa precisou afundar – livramentos, certamente.

Quem também entendeu que certos trabalhos, por melhor que paguem, não são para ela foi a escritora e roteirista Camila Fremder, criadora do podcast *É nóia minha?*. Em 2016, no auge da popularidade do Snapchat, ela foi convidada para fazer lives ao vivo para um grande banco.[60] As lives faziam parte da estratégia de divulgação do programa de *trainee*, visando conversar com o público jovem e entregar não só entretenimento, mas também informação sobre economia, investimentos e mercado financeiro – algo que não poderia estar mais distante do conteúdo que a Camila faz.

Quando foi contar esse pneu furado, Camila começou a rir e a lembrar do quanto aquele trabalho não tinha nada a ver com ela, desde o figurino que lhe entregaram (a coisa mais corporativa possível) até os temas que ela não dominava e a obrigação de responder perguntas de internautas sobre questões financeiras! Deixar aquilo para trás foi um livramento, e hoje ela conta que presta muito mais atenção nas propostas que aceita.

Para Bianca Andrade, um de seus maiores fracassos também foi um livramento. Mais conhecida como Boca Rosa, ela começou na internet aos 16 anos fazendo vídeos de maquiagem direto do Complexo da Maré, no Rio de Janeiro, onde morava. Sua audiência se tornou enorme, tanto que em 2018 lançou uma marca de maquiagem em parceria com a Payot.[61]

Em 2020, o *Big Brother Brasil*, programa líder de audiência, anunciou uma novidade: além dos anônimos que entravam no *reality show*, o elenco da edição contaria com um time de pessoas famosas. Entre estas pessoas, estava a Bianca – que na época já tinha 17 milhões de seguidores e certamente já faturava mais do que o prêmio de 1,5 milhão de reais oferecido pelo programa.[62] O próprio apresentador do programa na época, Tiago Leifert, citava o "império" de Bianca. Ela aceitou participar do programa com a intenção de bombar a carreira e a popularidade, mas acabou sendo cancelada após defender as atitudes machistas de outros participantes e não ter tomado partido das mulheres da casa durante uma briga.

Foi eliminada rapidamente (na quinta rodada, a primeira mulher) e conta que esse foi o seu livramento.

Antes de *BBB 20*, Bianca conta que era conhecida como uma "blogueirinha", mas que se posicionou no *reality show* como empresária, disposta a impulsionar seus negócios. Ela diz que a eliminação a transformou aos olhos das outras pessoas, dando-lhe maturidade e mais consciência social, e foi o despertar para o lado empreendedora, que já se mostrava forte. Apesar da passagem curta de Bianca pelo *BBB 20*, ela mais que dobrou seu público nas redes sociais, e as maquiagens e a marca Boca Rosa nunca mais foram as mesmas. "Desde então, foram 400 milhões de reais que a gente faturou", ela contou.[63] E boa parte disso se deve ao erro de estratégia no *BBB 20*. Segundo Bianca, o cancelamento de quatro anos atrás lhe deu uma oportunidade de evoluir e crescer como pessoa e como produto.

Em 2024, Bianca anunciou que a parceria com a Payot havia terminado e lançou sua marca com produção e financiamento 100% próprios – sem sócio ou investidor. A Boca Rosa espera bater 1 bilhão de reais de faturamento até 2030.[64] Parece muito melhor do que ganhar um *Big Brother*, não é?

Reconhecer o livramento no fracasso transforma nossa compreensão e nossa resiliência. Ainda que a gente só reconheça o livramento anos depois, ele serve para analisar quem nós realmente somos quando as situações ficam complicadas, assim como o que queremos quando a ilusão acaba. Compreender o fracasso como livramento mesmo antes disso fazer sentido pode ser medicinal, e sempre me faz lembrar de um ditado que diz "rejeição é proteção". Muitas vezes somos rejeitadas para o nosso próprio bem, para aprendermos a nos adaptar a novas circunstâncias, desenvolver novas competências e estratégias. O fracasso pode eliminar falsas pretensões e expectativas sociais, pode eliminar ilusões e desejos que no fundo nem são nossos, nos ajudando a descobrir quem somos de verdade. No final do dia, reconhecer que algo foi um livramento pode ser um dos muitos caminhos para a autenticidade – o bem mais valioso que carregamos. ■

FRACASSAR PODE SER UM CHAMADO PARA CONFIAR EM SI MESMO

EU PODERIA ESCREVER OUTRO LIVRO, até maior do que este, sobre os momentos em que a falta de confiança atrapalhou a minha carreira e a minha vida – e estou longe de ser a única a não ter autoconfiança. Tudo começa na infância, já que vivemos em uma sociedade que coloca muitas inseguranças nas crianças como forma de protegê-las: andar na rua é perigoso, assim como falar com pessoas de fora da sua família, mexer em uma tesoura ou segurar um copo de suco. Se você somar isso ao kit de medos e proibições extras que as meninas aprendem, fica fácil de entender por que eu (e tanta gente) fico tão insegura.

Mesmo vindo de uma família amorosa, cercada de privilégios, eu me sentia menor por viver em um mundo cheio de perigos, ansiava por ser aceita e amada (e assim me sentir protegida), tinha medo do futuro. Queria superar o fato de não fazer parte do padrão de beleza – fui uma criança com sobrepeso e, nos anos 1990, não era nada fácil porque ninguém falava de aceitação do corpo. Aliás, o normal era alguém recomendar uma dieta que hoje seria considerada uma forma de transtorno alimentar.

Com a insegurança, vem a hesitação. Quando não confiamos em nós mesmos, decidir é doloroso e às vezes impossível. E, se tem algo que aprendi a duras penas na minha vida e nas entrevistas do podcast, é que tem momentos que o fracasso não é uma ação, e sim uma falta de ação. Uma espera, um caminho que foi fechado por nós mesmos. Quantas noites passamos em claro achando que um sonho era impossível, em vez de planejar como chegar lá? Quantos anos perdidos até acordar para o nosso poder de conduzir aquele carro da vida?

Sem confiança fica difícil olhar para o lado e ver as infinitas possibilidades que a vida oferece – e hesitamos na hora de fazer aquela apresentação, começar a vender aquele doce ou ligar para aquele contato e pedir uma oportunidade. A verdade é que quem não tem confiança não aposta em si mesmo, e esse talvez seja o maior fracasso de todos.

E se ninguém quiser publicar o meu livro?

Durante o desenvolvimento do meu primeiro livro, *Doce jornada*, experimentei a sensação de querer muito algo e, ao mesmo tempo, me sentir assustada por essa mesma coisa. Assim como muita gente que sonha em escrever, eu pensava no livro, planejava como ele seria, mas demorei muito para efetivamente sentar e escrever. Porque nesse momento a ansiedade vinha com tudo, com o medo do julgamento, com a crença de que ninguém ia querer ler uma só palavra.

Mesmo assim, quando comecei não parei até terminar. E deu muito trabalho, levou muitas horas, e custou muitos momentos de convivência com os meus filhos. Escrevi, escrevi e escrevi, e assim que terminei veio o primeiro banho de água fria. Achei que a história ia render umas trezentas páginas, mas, para a minha surpresa, deu só oitenta. A insegurança veio como uma enxurrada, e fiquei pensando que nunca seria publicada, que editora nenhuma se interessaria pelo livro, que ia ser rejeitada, tinha perdido todo aquele tempo e estava fadada a perder mais. Nessa espiral de ansiedade, parei de escrever e o livro ficou parado por mais de um ano.

Voltei a me mexer quando consegui entender que estava tudo bem ter oitenta páginas. Aquilo poderia ser um pré-projeto que, com orientação profissional, poderia evoluir para o livro que eu tinha em mente. Mas eu precisava testar se o livro seria interessante para os leitores. Procurei editoras e agências e me deparei com uma agência literária bem tradicional no mercado. Mandei as minhas famigeradas oitentas primeiras páginas e, para a minha surpresa, a agente gostou, mas foi categórica: "Acaba de escrever o livro, e daí a gente conversa".

Bom, eu tinha que terminar o livro. Foi uma batalha interna porque, ao mesmo tempo que eu queria escrever, voltava à ladainha: "Ninguém vai publicar, ninguém vai publicar, ninguém vai publicar". Na minha cabeça, quando a agente pediu para eu terminar o livro, tinha sido só um jeito simpático de me dar um "não" mais suave. Foi nessa luta, sofrendo a cada linha, que terminei o livro – e a agência quis mesmo me representar! Quando terminaram de analisar o original, conversamos sobre editoras que tinham o perfil para publicar o livro. Veio a temida rodada de rejeições que passei mais de um ano temendo: pelo menos dez editoras se negaram a publicar a obra – hoje sei que é muito normal e faz parte do jogo. Não morri no processo e não me tornei uma escritora frustrada porque, na verdade, eu não precisava do "sim" de dez editoras, precisava de apenas o de uma. E, quando ele veio, o livro decolou. Minha insegurança e ansiedade serviram apenas para me torturar, pois não me prepararam para nada que enfrentei no processo.

Não sou a única a passar por uma montanha-russa de emoções e dúvidas no caminho de escrever um livro; tem escritor que entrou para a história e que já foi ainda mais inseguro, mas que foi resgatado por uma pessoa próxima. Às vezes, quando a nossa confiança falha, é de primeira necessidade estar cercado de pessoas que acreditam em nós.

Stephen King, autor de suspense aclamado no mundo todo, era apenas um professor de inglês de ensino médio em 1972. Ele morava com a esposa, Tabitha, e os dois filhos em um trailer, e a situação financeira do casal era preocupante. Naquele momento, aos 26 anos, ele começou a escrever *Carrie, a estranha*, que se tornaria um dos seus maiores sucessos.

A ideia para o livro teria surgido quando estava limpando as manchas da parede do vestiário das meninas e viu uma caixa de metal sem identificação: era um dispensador de absorventes, algo que ele nunca tinha visto antes. Ele se lembrou de ter lido na revista *Life* sobre fenômenos do tipo *poltergeist* e as decorrentes atividades telecinéticas apresentadas por jovens adolescentes. Aparentemente, as evidências sugeriam que tais poderes poderiam ser mais fortes em meninas na adolescência.

King tinha a ideia, mas estava com dificuldade de transformá-la em um conto que pudesse ser publicado nas revistas especializadas em que ele tinha tido maior sucesso de publicação até então. Depois de muito ponderar, decidiu jogar o conto fora porque achou que aquilo não ia dar em nada.

Na autobiografia *Sobre a escrita*, King relata que voltou de mais um dia de aula para adolescentes e encontrou sua esposa lendo o início da história. Ela achara o manuscrito no lixo, amassado e coberto de cinzas, e ficara curiosa. Foi ela quem deu a Stephen King a confiança que lhe faltava. Tabitha insistiu que ele continuasse escrevendo e terminasse a história. Ela vira algo de especial ali e o ajudou com detalhes sobre o ciclo menstrual das mulheres e sobre como as meninas lidam com isso nas escolas. Stephen King não acreditava no projeto, mas a sua esposa acreditava nele, e isso lhe deu a confiança necessária para seguir em frente.

Claro, nenhuma dose de confiança nos protege da rejeição, e a história de Carrie foi rejeitada trinta vezes antes de ser aceita para publicação em uma editora. Na época ninguém queria publicar romances que fossem tão pesados. Quando o livro foi finalmente adquirido pela Doubleday, o resto virou história. *Carrie* se tornou um dos romances de maior sucesso de Stephen King e vendeu mais de 350 milhões de cópias. Tudo isso porque alguém acreditou na obra – e nele.[65]

E se eu ainda não estiver pronto?

Anna Carolina Bassi, criadora da marca de moda de luxo Carol Bassi, que faz parte do Grupo Arezzo desde 2021 e possui diversas lojas físicas, demorou para acreditar que estava pronta para ter a sua marca.[66] E não foi por falta de conhecimento ou experiência na área, porque Carol é filha dos fundadores da rede de moda feminina Guaraná Brasil. Ela cresceu vendo o exemplo empreendedor dos pais, trabalhando na empresa e nas lojas, e sempre se interessou por moda.

Mesmo conhecendo bem o mercado, foi só aos 40 anos e com o apoio do marido, Caio Campos, que ela finalmente lançou a própria marca. Ela sente que seu pneu furado foi ter esperado tanto para ter a vida que leva hoje. Quando resolveu abrir a Carol Bassi, estava num momento de muita dúvida e instabilidade, numa fase de dor, falta de alegria e medo que durou alguns anos e fez com que protelasse essa mudança de rota.

Dar o próximo passo assusta até mesmo quem já conhece o negócio de trás para frente. Carol conta que poderia ter dado esse salto pelo menos três anos antes, porque já sabia que não estava feliz, mas seguia dando murro em ponta de faca. Agora, olhando em retrospecto para 2014, quando a marca abriu as portas em 2014, Carol considera que foi no tempo certo. Era um momento de ascensão do Shopping Cidade Jardim, um centro de marcas de luxo na cidade de São Paulo que convidou a marca para abrir uma *pop-up store*. Com o impulsionamento das vendas, a marca chamou a atenção do Grupo Arezzo, comandado por Alexandre Birman. Oito anos depois do lançamento, a marca foi vendida para o grupo, o que levou a Carol Bassi para o e-commerce e aumentou seu faturamento em 45%[67] – mantendo a Carol no comando.[68]

Outra pessoa que parece ser a mais confiante do mundo, mas que contou em entrevista que considera que seu fracasso foi ter demora a acreditar em si mesma é Bielo Pereira. A apresentadora e criadora de conteúdo passou por um processo de autodescoberta da sua voz no mundo quando percebeu que não existia gente como ela nos meios de comunicação e redes sociais. Como uma pessoa bigênero (que vivencia tanto o masculino quanto o feminino), trans e gorda maior, como ela mesma descreve, precisou entender a diferença entre a vida de apoio e amor no seio familiar e o mundo externo, que não sabe lidar com uma presença como a dela.[69] Entendeu também que, assim como ela, muita gente estava sofrendo por achar que não tinha lugar no mundo, que não deveria chamar a atenção ou se orgulhar de quem é, do próprio estilo, corpo e ideias. Uma comunicadora nata, Bielo contou no podcast que já sabia o que queria, mas demorou muito para seguir seus sonhos porque não achava que estava pronta, não acreditava em si mesma.

Quando foi fazer faculdade, Bielo queria estudar Comunicação ou Rádio e TV, mas acabou cursando Turismo e passando uns bons cinco ou seis anos tentando descobrir quem ela era de verdade. Não que tudo tenha dado errado – pelo contrário, hoje ela tem mais de 250 mil seguidores nas redes sociais, comanda o TransBaile com a Giovanna Heliodoro, apresenta um podcast e já apresentou programas de televisão – mas ela considera que esse foi seu grande pneu furado, porque sabe que hoje estaria em outro lugar se tivesse acreditado em si antes.

Enquanto Bielo precisava entender seu lugar num mundo que não tinha espaço para ela, a empresária Mirelly Moraes era a cara do sucesso, mas não estava feliz. Trabalhando no mercado financeiro, tinha o "pacote sucesso" para quem vê de fora: carreira em crescimento, salário bom, mas queria mesmo era ter seu próprio negócio de flores. Em 2012, ao fundar a Verbena Flores, ela foi chamada de louca (às vezes pelas costas, mas em muitos casos cara a cara mesmo) por querer ter "só" uma floricultura mesmo depois de ter estudado tanto.[70]

Em 2019, ela comprou a parte da sócia e viu a empresa crescer exponencialmente. Como a Verbena trabalhava com produtos grandes cujos vasos e arranjos tinham valores mais difíceis de escalar, ela decidiu também abrir a Ermética, uma empresa especializada em entrega de flores frescas da época. As flores são despachadas de São Paulo à noite, dentro de uma caixa onde estão embrulhadas em papel, e até o meio-dia do dia seguinte chegam a lugares no interior do Estado, no Centro-Oeste e até no Sul. Isso significa que estão sempre frescas – até mais frescas que as de muitas floriculturas locais, que podem ficam até quatro dias nas lojas. O negócio de flores de Mirelly estava longe de ser uma loucura, mas ela conta que seu pneu furado foi ter ficado muito tempo trabalhando onde não queria até se decidir a fazer o que realmente gostava.

Antes de se considerar empreendedora, Mirelly trabalhou em diversas empresas e conta que por algumas não queria ter passado nem na porta. Sabe quando a gente se lembra de uma experiência profissional e pensa: "Ai, eu não precisava disso"? Ela reflete que algumas foram erros, mas não uma completa perda de tempo porque nenhuma experiência é perda de tempo. Foi bom ter aprendido o que aquelas empresas tinham para ensinar, ter conhecido as pessoas que conheceu, ter feito as coisas diferentes que ela fez, mas, ao mesmo tempo, a insegurança fez com que ela ficasse muito tempo parada em uma estação que não era o seu destino.

Até fiz, mas não botei fé

A produtora de conteúdo Jana Rosa começou a carreira no mundo da moda, chegou a ser VJ da MTV e desde 2018 trabalha com beleza. Ela sempre foi alguém que teve sucesso nas diferentes carreiras pelas quais transitou.

Atualmente ela é a cabeça e o rosto do *Bonita de Pele*, um blog que trouxe um olhar mais didático para a rotina de *skincare* e que se tornou uma comunidade tão forte na hora de compartilhar informações sobre os produtos que já gerou outros projetos.[71]

Em junho de 2020, Jana lançou a primeira Bonibox: uma caixa de beleza com produtos selecionados a dedo, algo que as leitoras já pediam havia muito tempo. Quando perguntei qual foi o maior pneu furado da sua vida, Jana não hesitou em se lembrar do primeiro lançamento da Bonibox – que foi um super hit. Como assim? Fracassou porque vendeu bem?

Jana contou que não sabia o quanto ia vender, então calculou para menos, não botou muita fé que seria um sucesso. Achou que ia *flopar*, então preparou um número reduzido de caixas para o lançamento, tudo para não se frustrar. Resultado: a quantidade de pedidos foi tanta, mas tanta, que o servidor não deu conta de processar todos os pedidos e o site ficou fora do ar. As reclamações se multiplicavam minuto a minuto e aconteceu todo tipo de problema, como clientes que compraram as caixas com frete grátis, mas o sistema cobrava o envio mesmo assim. Jana teve muito prejuízo porque não acreditou no potencial do próprio produto que estava desenvolvendo havia meses e que foi sucesso por anos.

Por isso, quando a gente fala de autoconfiança, não significa só procrastinar para fugir do medo de as coisas darem errado, mas de fazer as coisas pequenininho, só porque não acreditamos que vão dar tão certo assim.

Assim como a Jana, Lu Ferreira é produtora de conteúdo e também passou por todas as fases da blogosfera. Ela começou em 2007 com um blog chamado *Chata de*

Galocha – e usou o nome de "Chata" nas redes por mais de dez anos antes de fazer a transição para o próprio nome. Ao longo desse período, lançou alguns produtos junto com marcas conhecidas.

Por ter sido chamada de chata de galocha, fresca e nojenta desde pequena, Lu assume que em alguns momentos tentou atenuar esse traço de personalidade, ser menos exigente e deixar algum projeto mais na mão dos outros – e sempre deu errado. Acontece que tentar se diminuir justamente quando o negócio leva seu rosto e seu nome, só para ser mais legal, não tem como dar certo.

Uma dessas vezes ocorreu no lançamento da linha de cosméticos Chata de Galocha. Como com qualquer produto da marca, Lu ficou muito em cima de todas as fases de elaboração, marketing e produção. Em um dado momento, ela sentiu que precisava deixar as coisas fluírem mais, deixar de ser a chata. Acontece que, depois do lançamento, a atriz Maisa Silva teve uma reação alérgica por conta de um produto que continha ácido glicólico. Maísa postou para 7 milhões de seguidores que o produto tinha acabado com a pele dela.

Lu conta que esse foi o pior de todos os seus pneus furados, mas que serviu para aprender a gerenciar crise de carreira. Em vez de esperar que a empresa parceira produtora dos cosméticos se posicionasse, ela agiu como achava certo: veio a público explicar que aquela reação na pele era normal, mas que foi um erro o produto não ter um aviso no rótulo sobre isso. Claro que a Chata já tinha pensado que isso poderia acontecer, mas, quando viu as embalagens durante o processo de pré-lançamento, pensou: "Deixa eu pegar menos no pé das pessoas". E deu no que deu. Ou seja, nada vale o preço de ser você mesma – no caso da Lu, se toda a carreira dela tinha sido estruturada sobre a lenda da Chata, por que mexer em time que está ganhando?

Fracassar é um jeito de aprender a dizer não

Quando falta segurança, muitas vezes sobra espaço para as pessoas que não têm o menor constrangimento de nos pedir os maiores absurdos – pense naquele colega que já pediu "como quem não quer nada" para você fazer o trabalho dele ou cobrir o turno no feriado, ou naquela amiga que se convida para almoçar na sua casa com os quatro filhos justo no fim de semana que você precisava descansar. Sabe aquele ditado que todos os dias um malandro e um mané saem de casa e, quando se encontram, fecham negócio? Acredito que todos os dias um inseguro e um folgado estão destinados a se trombar, e o inseguro vai perder algumas horas de vida por ter sido incapaz de dizer não durante esse encontro, por mais descabido que fosse o pedido.

A jornalista Fernanda Catania, mais conhecida como Foquinha, trabalhou em redações por muitos anos até que, em 2015, decidiu investir em conteúdo para o YouTube através de um programa de cultura pop e entrevistas. Apesar da carreira de sucesso como jornalista, ela sabia que tinha que apostar na sua ideia e, com o tempo, construiu uma audiência que hoje ultrapassa os 2 milhões de seguidores.[72] Mas seu pneu furado foi não saber dizer não. Ela diz que demorou para entender que não estava certo priorizar todo mundo antes de si mesma. Custou saúde mental, projetos, tempo e dinheiro, claro. Hoje ela conta que chegou ao lugar de se priorizar, de dizer não sem se desculpar ou ficar se justificando. Afinal, não é não, porque toda escolha nos leva para algum lugar – e pensar primeiro nas outras pessoas na hora de escolher não vai levar você para o *seu* lugar.

Assim como a Foquinha, a astróloga Isabella Mezzadri também passou pelo processo de se fortalecer para dizer não. Ela é filha de Luís Louceiro, astrólogo há mais de trinta anos, mas que se sustentava mais como tradutor e professor de inglês. Ao entrar na faculdade de Publicidade e Propaganda, Isabella decidiu que tentaria fazer com que seu pai alcançasse mais gente – e acabou se encontrando na carreira de astróloga também. Desde 2013, ela se dedica ao Astrojourney, projeto de autoconhecimento e astrologia, e cumpriu a promessa: ela e o pai já lançaram cursos e palestras juntos.

O caminho de Isabella para aprender a dizer não foi talvez até mais difícil do que o da Foquinha; ela contou que precisou aprender a falar não principalmente para si mesma. Ao longo dos anos, percebeu que tem a tendência de acumular projetos, porque enxerga muitas possibilidades maravilhosas o tempo todo (talvez a culpa seja das estrelas!). Ela lembrou um ensinamento que leu num livro: as coisas avançam muito pouco e lentamente, então se conseguimos selecionar poucos projetos e focar neles, eles voam.[73] Ficou a lição de aprender a trabalhar com mais consciência das coisas que realmente ela quer conquistar.

Um pouco mais de autocompaixão

A insegurança tem muito a ver com as vergonhas que sentimos – e cada pessoa sente uma vergonha específica: a vergonha de saber que comeu bola, que poderia ter revisado aquele contrato com mais atenção, poderia ter gastado menos dinheiro, falado de outro jeito na hora da briga, que poderia ter feito mais e melhor para evitar a situação em que se meteu.

Uma das minhas ídolas é justamente uma pesquisadora desse fenômeno da vergonha. Brené Brown é doutora em psicologia pela Universidade de Houston e se tornou mundialmente conhecida ao lançar o livro *A arte da imperfeição*.[74] Sua palestra sobre vulnerabilidade realizada em um TEDx na cidade de Houston, Texas, é uma das mais assistidas da plataforma até hoje.[75] Toda a pesquisa de Brené é focada na vergonha, que ela define como o sentimento ou a experiência intensamente dolorosa de acreditar que nós somos imperfeitos e, portanto, indignos de amor e pertencimento.

Quando estamos com vergonha, é porque, na nossa visão interna, algo que vivenciamos, fizemos ou deixamos de fazer nos torna indignos de conexão. Ela completa que não acredita que a vergonha seja útil ou produtiva. Na verdade, diz que é muito mais provável que a vergonha seja a fonte de comportamento destrutivo e prejudicial do que a solução ou a cura, já que o medo de desconexão pode "nos tornar perigosos", segundo a autora.[76]

A vergonha faz com que nós acreditemos que não somos dignos das nossas relações, dos nossos sonhos ou conquistas. E a vergonha cria a base para uma imensa falta de autoconfiança – que, ao longo deste capítulo, deu para ver como pode empacar a sua carreira. A única forma é aceitar a nossa imperfeição usando de um recurso que parece mágico: autocompaixão. É tentar oferecer para si mesmo o mesmo tratamento que você oferece aos outros.

Pesquisadores classificam autocompaixão como uma construção multidimensional baseada no reconhecimento de que o sofrimento, o fracasso e a inadequação fazem parte da condição humana e que todas as pessoas – inclusive nós – são dignas de compaixão. Nos momentos de decepção, quando sentimos dor e nos achamos um fracasso é urgente tentar se lembrar de ser gentil e compreensivo consigo mesmo, em vez de autocrítico (porque a autocrítica agora não vai resolver nada).

Vale lembrar que você é só uma pessoa, e vai errar, ou seja, ver que aquela situação é parte da condição e experiência humana mais ampla, em vez de isolá-la acreditando que você é especialmente ruim, incompetente ou cruel. E, por último, os mesmos estudiosos recomendam encarar a vergonha de frente, manter os pensamentos dolorosos e sentimentos na esfera consciente, em vez de evitá-los ou se identificar demais com eles, deixando tomarem conta da sua cabeça.[77]

E isso está longe de sentir pena de si mesmo, ou ser muito autoindulgente. Parte da autocompaixão é não ficar mais tempo do que o necessário ruminando sobre o que aconteceu. A ruminação, afinal, nunca levou ninguém a nada. A autocompaixão ao mesmo tempo que não é apenas focar em si mesmo, é entender que você é uma pessoa falha no meio de muita gente que também é falha.[78] E todas essas pessoas merecem dedicar a própria energia para evitar o sofrimento e promover a felicidade. Quando estiver com vergonha de si mesmo, finja que quem está nessa situação é o seu melhor amigo. O que você pensaria dele? Falaria dele como fala internamente com você?

Talvez a cura para a autoconfiança frágil não seja repetir no espelho todos os dias "você é maravilhoso" (apesar de isso ajudar), e sim entender que você, com todos os defeitos, micos, incompetências, imperfeições, ainda tem o privilégio de experimentar a vida na sua pele. Tem a chance de saber como é o mundo sob um ângulo que só você vê, e, ao mesmo tempo, é compartilhado com tantas pessoas – imperfeitas, como você. Talvez entender que somos únicos e semelhantes ao mesmo tempo pode nos dar a liberdade de tentar e errar quantas vezes for necessário.

FRACASSAR PODE SER O COMEÇO DO SEU SUCESSO

E JÁ QUE TERMINAMOS o capítulo anterior falando de vergonha e autocompaixão, vou lançar aqui meu momento menos autocompassivo: quando fiz 29 anos, meu nome foi parar no Serasa pela primeira vez por causa de uma conta que me esqueci de pagar. Calma, não foi só isso: a empresa quase sempre estava no vermelho e, quando isso acontece, não sei se você sabe, as contas em débito automático nem sempre são debitadas.

Como eu tinha o costume de ignorar tudo que envolvesse o financeiro da minha pequena MEI, só fui saber o que aconteceu quando recebi uma carta do cartório avisando do protesto em meu nome. Minha primeira reação foi de vergonha; não podia contar para ninguém sobre isso, afinal já tinha cansado de ouvir que o que mais temos de importante é o nosso nome. (Aliás, meus pais estão sabendo disso neste exato momento. Está tudo bem, família, deu tudo certo no final. Boletos pagos, graças a Deus – na verdade, a mim.)

Ao longo dos anos a empresa passou por perrengues financeiros inúmeras vezes e sinceramente nunca me importei. O que mais me preocupava, na verdade, era não ter o reconhecimento financeiro enquanto fazia o que gostava. E eu gostava muito mais de empreender do que de qualquer trabalho que tivera antes. Amava direcionar as pessoas na carreira, amava falar sobre o tema, porém não conseguia fechar a conta. Tinha ouvido do meu pai a vida inteira que "não importa o que você faça, o importante é ser feliz", e eu era, mas entendia que o reconhecimento financeiro também era essencial para a minha sobrevivência e autoestima, só que não estava acontecendo.

Meu maior medo, depois de sair do mundo corporativo, era ter que voltar. Meus maiores valores naquele momento eram supridos como prestadora de serviço, coisa que eu já tinha tentado ao trabalhar com Recursos Humanos, mas não havia obtido sucesso. Voltar para um salário CLT não seria um fracasso, pelo contrário seria muito digno e eu amaria a estabilidade financeira, mas a possibilidade de voltar a responder para um chefe que eu não admiro, ficar horas no trânsito, dar todos os dias da minha semana para uma empresa que talvez estivesse desalinhada com o que acredito, sem um sistema de "quanto mais você trabalha, mais você evolui", era a última coisa que eu queria. Até topava passar perrengue, mas precisava ser um perrengue com significado – que não me deixasse desamparada, nem os meus filhos.

Eu precisava tomar coragem para divulgar o meu trabalho do jeito que todas as pessoas estavam começando a fazer nas redes sociais, mas eu ainda tinha muitas inseguranças com a minha imagem. Naquele momento, tomei uma das piores (e, consequentemente, uma das melhores) decisões da minha vida: fazer uma lipoaspiração para me sentir mais segura na hora de aparecer em público. Eu dizia que a vergonha não parava no Serasa.

Conforme já comentei antes, nunca tive um corpo padrão, e meu peso sempre flutuou no que as pessoas chamam de "efeito sanfona". Tomei inúmeros remédios para emagrecer, mas sempre que parava ganhava todo peso novamente. Vivia cercada por pessoas públicas e achava que não conseguia destaque por estar fora do padrão. Em momento algum passava pela minha cabeça que era falta de confiança na minha personalidade, nos meus pensamentos e em bancar as minhas próprias opiniões. Em um mundo puramente estético, eu achava que só era avaliada pelo meu corpo. Sim, mesmo com dois diplomas da Universidade New York, eu ainda achava que o que estava por fora me definia.

Peguei dinheiro emprestado com a minha família e fui "lipar" todas as gorduras que tinha em mim como se a insegurança fosse sair pela cânula do médico. Dois dias depois, fui para casa. Cinco dias depois, voltei para o hospital com uma dor tão forte que quase me impedia de respirar. O diagnóstico? Uma tromboembolia pulmonar, doença em que uma ou mais artérias pulmonares ficam bloqueadas por um coágulo sanguíneo, muito comum após uma lipoaspiração e quase sempre fatal. Para explicar de forma bem prática: se o coágulo tivesse ido para a cabeça, eu teria morrido. Como ele encostou na pleura, região com muitas terminações nervosas, eu senti a dor, fui para o hospital e sobrevivi.

Durante aqueles dias no hospital, pude fazer uma análise da minha vida. Tinha uma carreira que eu amava, sim, mas não me dava o retorno financeiro que eu queria. Estava em um relacionamento com um homem que, apesar da química boa, eu não admirava; não fazia muito tempo, eu descobrira que ele escondera de mim que mandava dinheiro para a ex-mulher (mesmo não tendo filhos), o que consequentemente o fazia colocar menos dinheiro em casa. Eu precisava mudar. Não queria esperar por outra chance divina – e entendi que o corpo ideal não ia me salvar. Na verdade, a busca pelo corpo ideal tinha me levado a arriscar a minha vida.

Mesmo estando no hospital, me separei. Ele se negou a sair do meu apartamento, então voltei para a casa dos meus pais enquanto as coisas se acalmavam. Marquei com uma amiga expert em YouTube para ela me ajudar a gravar uns vídeos nos quais eu pudesse falar e mostrar o meu trabalho. Aos poucos, em meio ao caos, comecei a desenhar minha marca pessoal e dar um rumo diferente para a minha vida. Contei para um amigo que estava solteira e, para a minha surpresa, ele se declarou. Resolvi dar uma nova chance para o amor e em quarenta dias estávamos noivos.

Uma gravidez muito desejada veio um ano depois, e com ela uma depressão profunda. Meus planos foram todos paralisados para que eu pudesse cuidar da minha saúde mental. Para quem lutou com o peso a vida toda, claro que meu corpo sentiria: foram quarenta quilos a mais. Fora isso, minha renda estava longe de ser a que eu almejava, e tive que me tornar o que eu mais temia: uma mulher dependente financeiramente da família.

Vi meus sonhos todos irem ladeira abaixo. Nada me desanimava mais do que isso. Aos 31 anos, com uma filha a caminho, responsabilidades, e longe de ser a profissional que eu desejava. Voltei a me esconder e a me negar a aparecer, e isso permaneceu por quase dois anos. Muitas crises de depressão, dias sem tomar banho e um diagnóstico que parecia longe de ser fechado. Aos 33 anos, tive meu segundo filho e finalmente encontrei um médico que batesse o martelo em um diagnóstico: transtorno de humor do tipo 2, que tende a surgir nas mulheres durante a gravidez por conta da alteração hormonal. Veja bem: não é a gravidez que causa isso; apenas as mulheres que já têm essa tendência podem "despertar" esse transtorno na gestação, e foi o que aconteceu comigo.

O diagnóstico foi o início da cura, mas muita gente ficou machucada nesse processo. Ter um transtorno de humor com tendências depressivas te leva a um distanciamento da realidade, sobrecarrega seus familiares, priva de afeto quem mais te ama e muitas vezes causa brigas homéricas por conta do vitimismo em que nos colocamos.

Estava me sentindo profundamente sozinha. Apesar de estar começando a me estabilizar com ajuda dos remédios, eu não tinha nenhum cliente na consultoria e sentia falta de conversas adultas sobre o mundo profissional, de diálogos que me dessem esperança de uma vida de sucesso depois de tantos pneus furados na estrada.

Meu filho nasceu no dia 8 de março de 2020; menos de uma semana depois veio o anúncio da pandemia e virtualmente obtive meu diagnóstico com o maravilhoso Táki Cordás, psiquiatra excelente que cuida de mim até hoje. Com o início da estabilidade, comecei a olhar o mercado novamente e tive a ideia de começar um podcast. Era a ferramenta perfeita para mim: não precisava aparecer e não precisava sair de casa para gravar.

Comecei o podcast porque precisava de esperança, comecei porque precisava acreditar que o sucesso poderia vir depois dos 30, embora nenhuma lista de revista valorizasse o profissional acima dessa idade. Comecei com um microfone, um bom roteiro e uma promessa para a minha psicóloga de fazer aquilo por pelo menos um ano – eu tinha a tendência de abandonar projetos profissionais. Mas agora eu tinha um diagnóstico, remédios e uma rede de apoio.

Logo nos primeiros meses fechei um patrocínio de Nuvemshop para dez episódios. O valor era baixo, mas me vi pela primeira vez, em anos, com uma nova carreira. Eu era comunicadora e tinha a possibilidade de atingir a independência financeira que tanto buscava. Meus remédios ainda não estavam 100% ajustados, mas já me sentia capaz de entregar algo ao mundo e, o melhor, estava sendo reconhecida por isso.

O podcast quase não tinha audiência, mas eu preparava um conteúdo de excelência para entregar. Meus convidados perceberam que eu prometia e cumpria quando dizia para eles: "Quero que essa seja a melhor entrevista que você já deu na sua vida". Passava horas montando o roteiro, pesquisando tudo da vida da pessoa e me dedicava a fundo a cada entrevista.

Coloquei em minha cabeça que a excelência era o único caminho para aquele projeto ir para frente – e foi. Logo vieram marcas que entenderam o que eu estava fazendo ali: Hypera, Itaú, Simple Organic, TROC, Pantys. Marcas que acreditaram em mim. E o mais importante: eu acreditei em mim.

A qualidade das entrevistas trouxe mais nomes de peso – sigo até hoje sem acreditar que tive a oportunidade de entrevistar a Xuxa! Outros nomes impressionantes vieram e continuo vibrando a cada pessoa que trago para o podcast, a cada pesquisa que faço sobre essas jornadas profissionais e pessoais, a cada roteiro que escrevo. Ainda tenho alguns sonhos a realizar, claro, mas sigo grata a todas as pessoas que se sentam à minha frente e compartilham suas vulnerabilidades para ajudar caroneiras e caroneiros sonhadores.

O que é sucesso para você?

Uma das perguntas que faço para todo convidado no podcast, além de "Qual foi o seu maior pneu furado?", é: "O que é sucesso para você?". Já entrevistei pessoas que faturam muito dinheiro, que têm milhões de seguidores e nunca ninguém me deu uma resposta que envolvesse números em redes sociais ou bens materiais. Assim como ninguém nunca respondeu que sucesso é não fracassar. O que aprendi com essas duas perguntas ao longo dos anos é que o fracasso nada mais é do que o lado B do sucesso, porque ele vira um sucesso à medida que é superado. Assim como não existe alegria sem tristeza, não existe luz sem sombra, simplesmente não existe sucesso sem fracasso.

Durante anos, a busca pelo meu sucesso foi movida pelo retorno financeiro, mas depois reconheci que não era isso que faria eu me sentir bem-sucedida. O sucesso, para mim, está ligado ao estilo de vida que opto por levar. É poder levar meus filhos à escola, ir a uma consulta médica no meio do dia, ter uma equipe motivada ao meu lado e, claro, conseguir ter os bens que gostaria, além dos luxos que uma mulher consumista sonha nos dias de hoje – aprendi também a não ter vergonha de quem eu sou, nem mesmo das futilidades.

Este livro nasceu pensando nas pessoas que, assim como eu no começo da pandemia, sentem que estão perdidas em uma versão de si mesmas que está longe do que imaginaram. Este livro existe para quem se questiona se a vida é de fato difícil ou se somos nós que estamos operando no sistema errado. Ele existe para quem quer uma dose de esperança na forma de histórias de pessoas bem-sucedidas, mas reais.

Ao longo de todas estas páginas, convidei você a re-definir sua visão de fracasso, mas também sua visão de sucesso. Vou correr o risco de soar repetitiva, porque esta é uma mensagem que preciso muito que você internalize: o fracasso é o caminho para a inovação e, consequentemente, para o sucesso. Mas será que você vai saber quando chegar lá, no sonhado sucesso, que é isso que você está vivendo?

Trago de novo uma personagem deste livro pela qual tenho muito carinho, a atriz Mônica Martelli. Quando ela veio ao podcast, disse algo que nunca mais esqueci: "É no fracasso que a gente se fortalece, porque o sucesso é euforia. É por isso que não podemos perder a fé e a esperança de fazer as coisas". Quando estamos em baixa, estamos fortalecendo tudo – nossos conhecimentos, nosso caráter, nossa alma. É essa força que depois vai trazer o sucesso, invariavelmente. E você vai reconhecê-lo de cara, porque não adianta atingir o sucesso e não sentir que ele chegou. E ele vai chegar. Basta não desistir.

A estrada continua, caroneiro. ◼

Agradecimentos

Criar o podcast me fez vencer muitas crenças limitantes, principalmente a de que eu não era capaz de falar em público. Agradeço à minha equipe, que está comigo semanalmente nessa aventura e me enche de coragem; sem vocês o podcast não seria o mesmo: José Newton Fonseca, João Magagnin, Thais Campos, Felipe Dantas, Cris Dallé, André Puertas e Álvaro Leme.

Agradeço a todas as pessoas que toparam contar suas histórias e, principalmente, às que foram sinceros com seus pneus furados. Vocês não têm ideia de como é importante para o empreendedor ver que pessoas de sucesso também passam por desafios.

Obrigada aos meus caroneiros amados, que semanalmente escutam, comentam e compartilham as histórias.

Obrigada às empreendedoras do meu grupo TR Circle, comunidade que vem crescendo a cada dia com mulheres incríveis cheias de vontade de fazer seus negócios acontecerem. Vocês me inspiram!

Obrigada às founders da Founders Confraria, que são minha rede de apoio e me acolhem em momentos desafiadores.

Obrigada ao Táki Cordás e à Luciani Zamboni, que me ajudam a me estruturar emocionalmente para vencer meus medos e levar tanto conhecimento às pessoas.

Obrigada a equipe que fez este livro acontecer: Bia Nunes de Sousa e Marília Chaves, sem vocês este projeto não existiria. Vocês arrasam demais! Agência Riff, obrigada por acreditar em mim quando nem eu acreditava.

Obrigada aos amigos que amaram o projeto desde o começo e deram os primeiros plays: Diogo Alcantara, Thiago Pasqualotto e Fabianne Geledan.

E, principalmente, obrigada aos meus pais, Paulo e Adenilde, que me fizeram amar cada pneu furado da minha história. Meus padrastos, Andréa e Jorge, meus irmãos, Luana e Bruno e, claro, aos meus filhos, Alaya e Bernardo.

A estrada está apenas começando. ■

Notas

[1] Berger, Sarah. "Oprah Winfrey: This is the moment my 'job ended' and my 'calling began'." *CNBC*, 1º abr. 2019. Disponível em: https://www.cnbc.com/2019/04/01/how-oprah-winfrey-found-her-calling.html.

[2] "A Brief History Of TikTok And Its Rise To Popularity." Big 3 Media, 31 Aug. 2020. Disponível em: https://www.big3.sg/blog/a-brief-history-of-tiktok-and-its-rise-to-popularity.

[3] Mozur, Paul. "Musical.ly, a Chinese App Big in the U.S., Sells for $1 Billion." *The New York Times*, 10 nov. 2017. Disponível em: https://www.nytimes.com/2017/11/10/business/dealbook/musically-sold-app-video.html.

[4] Wilson *et al.* "The Eighty Five Percent Rule for optimal learning." *Nature Communications*, n. 10-4646, 2 set. 2019. Disponível em: https://www.nature.com/articles/s41467-019-12552-4.

[5] Alter, Adam. "To be successful, you need to fail 16% of the time." Big Think, 17 mai. 2023. Disponível em: https://bigthink.com/smart-skills/fail-well-failure-rate-16-percent/.

[6] Pires, Fabiana. "8 histórias que provam: o sucesso vem com derrotas." *Época Negócios*, 24 jun. 2013. Disponível em: https://epocanegocios.globo.com/Inspiracao/Carreira/noticia/2013/06/nove-historias-que-provam-o-sucesso-vem-com-sacrificios.html.

[7] "Maioria das empresas no país não dura 10 anos, e 1 de 5 fecha após 1 ano." Valor, 22 out. 2020. Disponível em: https://valor.globo.com/brasil/noticia/2020/10/22/maioria-das-empresas-no-pais-nao-dura-10-anos-e-1-de-5-fecha-apos-1-ano.ghtml.

[8] Frank, Gustavo. "Duda Beat, a rainha da sofrência: 'Toda tristeza vem com uma revolução'." *UOL*, 10 jun. 2019. Disponível em: https://www.uol.com.br/universa/noticias/redacao/2019/06/10/duda-beat-a-rainha-da-sofrencia-toda-tristeza-vem-com-uma-revolucao.htm.

[9] "Duda Beat: após um retiro de 10 dias ela estoura na música." Harper's Bazaar Brasil, 29 ago. 2018. Disponível em: https://harpersbazaar.uol.com.br/cultura/duda-beat-apos-um-retiro-de-10-dias-ela-estoura-na-musica/; "Drama Queen." TPM, 12 jul. 2019. Disponível em: https://revistatrip.uol.com.br/tpm/a-cantora-duda-beat-fala-sobre-como-o-silencio-a-fez-cantar-infancia-carreira-e-claro-amor.

[10] Lattacher, Wolfgang; Wdowiak, Malgorzata Anna. "Entrepreneurial learning from failure. A systematic review." *International Journal of Entrepreneurial Behavior & Research*, vol. 26, n. 5, p. 1093-1131. Disponível em: https://www.emerald.com/insight/content/doi/10.1108/IJEBR-02-2019-0085/full/html.

[11] Edmondson, Amy. *Right Kind of Wrong*: The Science of Failing Well. Nova York: Simon & Schuster, 2023.

[12] Berwick, Isabel; Masters, Brooke. "Why successful companies need to be good at failure." *Financial Times*, 9 out. 2023. Disponível em: https://www.ft.com/content/c2c2529e-9829-4484-bc25-1ab51888408b.

[13] Scott, Daniel. "5 Reasons Your Children Should Not Inherit Your Business." *Entrepreneur*, 13 mar. 2023. Disponível em: https://www.entrepreneur.com/leadership/heres-why-your-children-should-not-inherit-your-business/446621.

[14] "What to know about atychiphobia, or the fear of failure." *Medical News Today*, 21 mar. 2022. Disponível em: https://www.medicalnewstoday.com/articles/fear-of-failure.

[15] Pychy, Timothy A. "Fear of failure: The latest research on fear of failure and procrastination." *Psychology Today*, 13 fev. 2009. Disponível em: https://www.psychologytoday.com/intl/blog/dont-delay/200902/fear-failure.

[16] "Fear of Failure: The Ultimate Guide to Conquering Your Fears and Achieving Your Dreams." StudySmarter UK. Disponível em: https://www.studysmarter.co.uk/magazine/fear-of-failure/.

[17] Carter-O'Connell, Ian. "A Scientific Mind: Understanding a Failure and Growth Mindset." Ciocca Center, Universidade Santa Clara, 24 out. 2003. Disponível em: https://www.scu.edu/ciocca-center/newsletter-the-mindset/perspective-pieces/a-scientific-mind-understanding-a-failure-and-growth-mindset/.

[18] Hjeltnes, Aslak *et al.* "Facing the fear of failure: An explorative qualitative study of client experiences in a mindfulness-based stress

reduction program for university students with academic evaluation anxiety." *International journal of qualitative studies on health and well-being*, vol. 10 27990, 20 ago. 2015 Disponível em: https://www.ncbi.nlm.nih.gov/pmc/articles/PMC4545197/.

[19] Pina, Rute. "Lela Brandão: 'É insustentável seguir tendências de moda do TikTok'." *Universa Entrevista*, 25 abr. 2024. Disponível em: https://www.uol.com.br/universa/noticias/redacao/2024/04/25/lela-brandao-e-insustentavel-seguir-tendencias-de-moda-do-tiktok.htm.

[20] "Brownie do Luiz, que começou a ser vendido em escola no Rio, vira livro." *UOL*, 25 fev. 2022. Disponível em: https://economia.uol.com.br/empreendedorismo/noticias/redacao/2022/02/25/brownie-do-luiz-que-comecou-a-ser-vendido-em-escola-no-rio-vira-livro.htm.

[21] Sordi, Chantal. "Lapima, por uma ótica diferente." *Elle*, 29 dez. 2022. Disponível em: https://elle.com.br/moda/lapima-por-uma-otica-diferente.

[22] Eurich, Tasha. "What Self-Awareness Really Is (and How to Cultivate It)." *Harvard Business Review*, 4 jan. 2018. Disponível em: https://hbr.org/2018/01/what-self-awareness-really-is-and-how-to-cultivate-it.

[23] Young, Emma. "How well do you know yourself?". *The British Psychological Society*, 13 out. 2020. Disponível em: https://www.bps.org.uk/research-digest/how-well-do-you-know-yourself.

[24] Galvão, Julia. "O que é o efeito Dunning-Kruger?". *Jornal da USP*, 14 jun. 2023. Disponível em: https://jornal.usp.br/radio-usp/o-que-e-o-efeito-dunning-kruger.

[25] Dunning, David. "The Dunning–Kruger Effect: On Being Ignorant of One's Own Ignorance." *Advances in Experimental Social Psychology*, v. 44, 2011, p. 247-296. Disponível em: https://www.sciencedirect.com/science/article/abs/pii/B9780123855220000056.

[26] "Bruna Tavares." *Bloomberg Línea*, 17 set. 2023. Disponível em: https://www.bloomberglinea.com.br/especiais/personagens-bloomberg-linea/bruna-tavares.

[27] Fernandes, Vitória. "Bruna Tavares investe R$ 4,8 milhões em primeira loja física." *Forbes*, 12 jun. 2023. Disponível em: https://forbes.com.br/forbes-money/2023/06/bruna-tavares-investe-r-48-milhoes-em-primeira-loja-fisica/.

[28] "Know Yourself: Socrates and How to Develop Self-Knowledge." Disponível em: https://www.theschooloflife.com/article/know-yourself/.

[29] Esperidião-Antonio, Vanderson *et al.* "Neurobiologia das emoções". *Archives of Clinical Psychiatry*, v. 35, n. 2, p. 55-65, 2008. Disponível em: https://www.scielo.br/j/rpc/a/t55bGGSRTmSV-TgrbWvqnPTk/.

[30] "6 manifestações da resistência na psicanálise." *IEB Psicanálise*, 21 set. 2023. Disponível em: https://academiadosterapeutas.com/blog/post/6-manifestacoes-da-resistencia-na-psicanalise.

[31] Caputo, Gabriela. "Pedro Pacífico: 'Eu me aceitei como homem gay com ajuda dos livros'." *Veja*, 11 nov. 2023. Disponível em: https://veja.abril.com.br/brasil/pedro-pacifico-eu-me-aceitei-co-mo-homem-gay-com-ajuda-dos-livros.

[32] Tolipan, Heloisa. "Mônica Martelli volta aos palcos, fala de etarismo e diz que tem projetos focando na mulher com 50+." *Heloisa Tolipan*, 16 jan. 2023. Disponível em: https://heloisatolipan.com.br/teatro/monica-martelli-volta-aos-palcos-fala-de-etarismo-e-diz-que-tem-projetos-focando-na-mulher-com-50/.

[33] "Brasil tem 1% da população fluente em inglês." *Educa Mais Brasil*, 17 jun. 2022. Disponível em: https://www.educamaisbrasil.com.br/educacao/noticias/brasil-tem-1-da-populacao-fluente-em-ingles.

[34] Disponível em: https://www.britannica.com/biography/Kim-Kardashian.

[35] Martin, David Sean. "The World's Celebrity Billionaires 2024." *Forbes*, 3 abr. 2024. Disponível em : https://www.forbes.com/sites/devinseanmartin/2024/04/02/the-worlds-celebrity-billionaires-2024-taylor-swift-kim-kardashian-oprah/.

[36] Lewis, Sophie. "Kim Kardashian West has helped free 17 people from prison in the last 90 days." *CBS News*, 8 mai. 2019. Disponível em: https://www.cbsnews.com/news/kim-kardashian-west-has-helped-free-17-people-from-prison-in-the-last-90-days/.

[37] Hearon, Sarah. "Has Kim Kardashian Passed the Bar Exam? What We Know About the Reality Star's Lawyer Journey." *US Weekly*, 28 abr. 2023. Disponível em: https://www.usmagazine.com/celebrity-news/pictures/has-kim-kardashian-passed-the-bar-exam-her-past-scores-revealed/.

[38] Moniuszko, Sara M. "Kim Kardashian working to become lawyer: 'I had to think long and hard about this'." *USA Today*, 10 abr. 2019. Disponível em: https://www.usatoday.com/story/life/

[39] people/2019/04/10/kim-kardashian-becoming-lawyer-alice-marie-johnson-case-kanye-west/3423410002/.

[39] Você pode ver esse gráfico expandido em: https://notes.fundersandfounders.com/post/95454941362/too-late-to-start-at-35.

[40] Kosoff, Maya. "Warby Parker just raised $100 million at a $1.2 billion valuation." *Business Insider*, 30 abr. 2015. Disponível em: https://www.businessinsider.com/warby-parker-raised-100-million-at-12-billion-valuation-2015-4.

[41] Dubner, Stephen J. "How to Become Great at Just About Anything." *Freakonomics*, 27 abr. 2016. Disponível em: https://freakonomics.com/podcast/how-to-become-great-at-just-about-anything/.

[42] Deodoro, Paola. "Daniele DaMata: "O mercado precisa de olhares diversos para chegar mais longe." *Marie Claire*, 6 mar. 2023. Disponível em: https://revistamarieclaire.globo.com/beleza/noticia/2023/03/daniele-damata-o-mercado-precisa-de-olhares-diversos-para-chegar-mais-longe.ghtml.

[43] Observatório dos Famosos. "Ivete Sangalo manda a real sobre 'crise de ciúme' em show envolvendo marido." *O Tempo*, 26 abr. 2024. Disponível em: https://www.otempo.com.br/entretenimento/celebridades/ivete-sangalo-manda-a-real-sobre-crise-de-ciume-em-show-envolvendo-marido-1.3473984.

[44] Disponível em: https://www.youtube.com/watch?v=jttpdJ7rMYQ.

[45] Noronha, Heloísa. "Há vários tipos de amizades tóxicas; veja como identificar e lidar com elas." *Viva Bem UOL*, 17 jun. 2021. Disponível em: https://www.uol.com.br/vivabem/noticias/redacao/2021/06/17/amizades-toxicas-como-identificar-e-como-lidar-com-elas.htm.

[46] Lopes, Maria. "Bruna Marquezine enaltece Sasha Meneghel no lançamento de sua marca de roupas." *Lorena R7*, 10 jun. 2024. Disponível em: https://lorena.r7.com/categoria/celebridades/Bruna-Marquezine-enaltece-Sasha-Meneghel-no-lancamento-de-sua-marca-de-roupas.

[47] Kay, Katty; Shipman, Claire. "The Confidence Gap." *The Atlantic*, mai. 2014. Disponível em: https://www.theatlantic.com/magazine/archive/2014/05/the-confidence-gap/359815/.

[48] Cross, Rob. "To Be Happier at Work, Invest More in Your Relationships." Harvard Business Review, 30 jul. 2019. Disponível em: https://hbr.org/2019/07/to-be-happier-at-work-invest-more-in-your-relationships.

[49] Cross, Rob; Taylor, Scott; Zehner, Deb. "Collaboration Without Burnout." *Harvard Business Review*, jul-ago. 2018. Disponível em: https://hbr.org/2018/07/collaboration-without-burnout.

[50] Gilbert, Elizabeth. *Grande magia: vida criativa sem medo*. São Paulo: Companhia das Letras, 2015.

[51] Disponível em: https://www.youtube.com/watch?v=X6oC-BKHFLA.

[52] "O que é livramento e por que Bruna Marquezine viralizou com ataque de riso em entrevista." *G1 Pop & Arte*, 1 nov. 2023. Disponível em: https://g1.globo.com/pop-arte/noticia/2023/11/01/o-que-e-livramento-e-por-que-bruna-marquezine-viralizou-com-ataque-de-riso-em-entrevista.ghtml.

[53] Ego. "Bonner e Fátima Bernardes anunciam fim do casamento de 26 anos." *Correio B*, 30 ago. 2016. Disponível em: https://correiodoestado.com.br/correio-b/bonner-e-fatima-bernardes-anunciam-fim-do-casamento-de-26-anos/285659/.

[54] Famosos e TV. "Foto de William Bonner com novo affair pode valer até R$ 15 mil, diz colunista." *R7 Entretenimento*, 9 set. 2016. Disponível em: https://entretenimento.r7.com/famosos-e-tv/foto-de-william-bonner-com-novo-affair-pode-valer-ate-r-15-mil-diz-colunista-06102019/.

[55] Ortega, Rodrigo. "Por que a bolha de shows no Brasil estourou." *UOL*, 23 mai. 2024. Disponível em: https://www.uol.com.br/splash/noticias/2024/05/23/caches-e-shows-milionarios-como-a-bolha-de-shows-estourou-no-brasil.htm.

[56] "Jennifer Lopez cancela turnê em meio a boatos de venda fraca de ingressos e separação de Ben Affleck." *O Globo*, 31 mai. 2024. Disponível em: https://oglobo.globo.com/cultura/musica/noticia/2024/05/31/jennifer-lopez-cancela-turne-em-meio-a-boatos-de-venda-fraca-de-ingressos-e-separacao-de-ben-afleck.ghtml.

[57] Felitti, Chico. "Fofão da Augusta? Quem me chama assim não me conhece." *BuzzFeed News*, 27 out. 2017. Disponível em: https://www.buzzfeed.com/br/felitti/fofao-da-augusta-quem-me-chama-assim-nao-me-conhece.

[58] Felitti, Chico. *Ricardo e Vânia*: o maquiador, a garota de programa, o silicone e uma história de amor. São Paulo: Todavia, 2019.

[59] Disponível em: https://open.spotify.com/show/0xyzsMcSzud-BIen2Ki2dqV.

[60] Fonseca, Adriana. "Não basta vencer os concorrentes, tem que estar bem na tela." *Valor Econômico*, 8 ago. 2016. Disponível em: https://

valor.globo.com/carreira/recursos-humanos/noticia/2016/08/08/nao-basta-vencer-os-concorrentes-tem-que-estar-bem-na-tela.ghtml.

[61] "Boca Rosa encerra parceria com Payot e inaugura marca solo: 'Vai ser completamente diferente'." *Forbes Mulher*, 8 out. 2023. Disponível em: https://forbes.com.br/forbes-mulher/2023/10/boca-rosa-encerra-parceria-com-payot-e-inaugura-marca-solo-vai-ser-completamente-diferente.

[62] Padovani, Davi. "Bianca Andrade, a Boca Rosa, é participante do BBB20; conheça!" *Gshow*, 18 jan. 2020. Disponível em: https://gshow.globo.com/realities/bbb/bbb20/noticia/bianca-andrade-a-boca-rosa-e-participante-do-bbb20-conheca.ghtml.

[63] Castro, Daniel. "Máquina de fazer dinheiro, Boca Rosa não se arrepende de cancelamento no BBB." *Notícias da TV*, 16 abr. 2024. Disponível em: https://noticiasdatv.uol.com.br/noticia/daniel-castro/maquina-de-fazer-dinheiro-boca-rosa-nao-se-arrepende-de-cancelamento-no-bbb-118264.

[64] Rossi, Bárbara. "A nova Boca Rosa de Bianca Andrade." *Elle*, 14 jun. 2024. Disponível em: https://elle.com.br/beleza/a-nova-boca-rosa-de-biança-andrade.

[65] Rivers, Arthur. "How Stephen King Almost Threw Away His Most Successful Book." *Fully Booked*, 27 out. 2021. Disponível em: https://fully-booked.ca/editorials/stephen-king-carrie-almost-threw-away/.

[66] Nassif, Thiago. "Um papo com… Anna Carolina Bassi." *Folha de Londrina*, 20 mar. 2024. Disponível em: https://www.folhadelondrina.com.br/colunistas/thiago-nassif/um-papo-com-anna-carolina-bassi-3248044e.html?d=1.

[67] "'Achava que trabalhava muito, hoje trabalho muito mais que antes', diz Carol Bassi." *Terra*, 26 dez. 2022. Disponível em: https://www.terra.com.br/economia/achava-que-trabalhava-muito-hoje-trabalho-muito-mais-que-antes-diz-carol-bassi,3f1bac0ca17409df989e225e3c1d1c848gliqao1.html.

[68] Camanho, Flavia. "Anna Carolina Bassi: 'Eu via minha mãe numa luta diária, mas o tempo todo empreendendo'." *Forbes*, 8 out. 2021. Disponível em: https://forbes.com.br/forbeslife/2021/10/anna-carolina-bassi-eu-via-minha-mae-numa-luta-diaria-mas-o-tempo-todo-empreendendo/.

[69] "Visibilidade Trans." *L'Officiel*, 30 jan. 2023. Disponível em: https://www.revistalofficiel.com.br/hommes/visibilidade-trans-confira-entrevista-exclusiva-com-bielo-pereira.

[70] Meirelles, Donata. "Mirelly de Moraes, CEO da Verbena e Ermética: 'A flor conecta as pessoas'." *Forbes*, 11 nov. 2022. Disponível em: https://forbes.com.br/forbes-mulher/2022/11/mirelly-de-moraes--ceo-da-verbena-e-ermetica-a-flor-conecta-as-pessoas/.

[71] Capitani, Lidia. "Jana Rosa: 'O skincare tem que ser mais acessível'." *Meio & Mensagem*, 27 set. 2022. Disponível em: https://www.meioemensagem.com.br/womentowatch/w2w-inspiracao/jana-rosa-skincare-tem-que-ser-mais-acessivel.

[72] Pinheiro, Malu. "Foquinha: 'Meu papel como jornalista também faz parte da minha vida como influenciadora'." *Glamour*, 1 mar. 2021. Disponível em: https://glamour.globo.com/lifestyle/carreira-dinheiro/noticia/2021/03/foquinha-meu-papel-como-jornalista-tambem-faz-parte-da-minha-vida-como-influenciadora.ghtml.

[73] McKeown, Greg. *Essencialismo*: A disciplinada busca por menos. Rio de Janeiro: Sextante, 2015.

[74] Brown, Brené. *A arte da imperfeição*: abandone a pessoa que você acha que deve ser e seja você mesmo. Rio de Janeiro: Sextante, 2020.

[75] Disponível em: https://www.ted.com/talks/brene_brown_the_power_of_vulnerability.

[76] Brown, Brené. "Shame vs. Guilt." *Brené Brown*, 15 jan. 2013. Disponível em: https://brenebrown.com/articles/2013/01/15/shame-v-guilt.

[77] Barnard, Laura K.; Curry, John F. "Self-Compassion: Conceptualizations, correlates & interventions." *Review of General Psychology, 15* (4), 2011, 289-303.

[78] "Self-Compassion." *The Center for Compassion and Altruism Research and Education*. Disponível em: https://ccare.stanford.edu/research/wiki/compassion-definitions/self-compassion/.

Este livro foi composto com tipografia Adobe Garamond e
impresso em papel Off-White 80 g/m² na Formato Artes Gráficas.